融媒体时代
播音与主持艺术发展研究

张 琦◎著

时代文艺出版社

图书在版编目（CIP）数据

融媒体时代播音与主持艺术发展研究/张琦著. --
长春：时代文艺出版社，2023.10
ISBN 978-7-5387-7403-0

Ⅰ.①融… Ⅱ.①张… Ⅲ.①播音－语言艺术－研究
②主持人－语言艺术－研究 Ⅳ.①G222.2

中国国家版本馆CIP数据核字(2024)第015604号

融媒体时代播音与主持艺术发展研究
RONGMEITI SHIDAI BOYIN YU ZHUCHI YISHU FAZHAN YANJIU

张琦 著

| 出 品 人：吴 刚 |
| 责任编辑：初昆阳 |
| 助理编辑：赵兵欣 |
| 装帧设计：文 树 |
| 排版制作：隋淑凤 |

出版发行：时代文艺出版社
地　　址：长春市福祉大路5788号　龙腾国际大厦A座15层　（130118）
电　　话：0431-81629751（总编办）　　0431-81629758（发行部）
官方微博：weibo.com/tlapress
开　　本：710mm×1000mm　1/16
字　　数：207千字
印　　张：14
印　　刷：廊坊市广阳区九洲印刷厂
版　　次：2023年10月第1版
印　　次：2023年10月第1次印刷
定　　价：76.00元

图书如有印装错误　请寄回印厂调换

前　言

　　科技的飞速发展和信息传播方式翻天覆地的变化，让人们进入了一个全新的时代——融媒体时代。这是一个数字化、网络化、多元化的时代，也是一个信息交融、传播无界的时代。在这个时代的浪潮中，播音与主持艺术焕发出崭新的生命力，它既是信息传递的纽带，也是文化交流的桥梁，更是塑造品牌形象、影响社会舆论的力量所在。本书旨在深入探讨融媒体时代下播音与主持艺术的发展轨迹，探讨其面临的挑战和机遇。

　　进入融媒体时代，传统媒体与新兴媒体交汇融合，媒体生态系统发生了深刻变革。播音与主持艺术作为媒体传播的核心环节，面临着前所未有的机遇和挑战。

　　在融媒体时代，传统的广播、电视已经不再是唯一的信息来源，而是与互联网、社交媒体、移动应用等多种媒体平台相互交融。播音艺术家需要适应新的媒体环境，通过声音、语言、情感更好地与受众建立连接。同时，音频内容的多样化也为播音工作者提供了更广阔的发展空间。

　　主持艺术作为娱乐、信息传递的关键力量，也在融媒体时代焕发出新的活力。主持人需要具备更强的主持技巧，能够适应不同平台、不同类型的需求，更好地与观众互动。同时，融媒体时代的社交媒体使主持人有了更多直接与粉丝互动的机会，这也对其社交能力、公众形象提出了更高的要求。

通过深入研究，我们希望能够更好地理解融媒体时代下播音与主持艺术的本质，挖掘其深层次的影响力。同时，本书也将倡导实践与理论相结合，鼓励从业者在实践中不断总结经验，更好地服务于实际工作。

目　录

第一章　播音与主持艺术的历史发展

第一节　传统媒体时代的播音与主持艺术 …………………… 001

第二节　融媒体的概念和特点 ………………………………… 010

第三节　融媒体时代播音与主持的新特征 …………………… 020

第四节　技术发展对播音与主持的影响 ……………………… 029

第五节　社会需求对播音与主持的影响 ……………………… 037

第二章　融媒体时代的播音与主持技能要求

第一节　融媒体时代播音与主持的沟通技巧 ………………… 047

第二节　融媒体素养与技术应用 ……………………………… 056

第三节　社交媒体的运用与危机公关技能 …………………… 065

第四节　创新能力与自我包装 ………………………………… 078

第三章　播音与主持的职业道德与社会责任

第一节　传统媒体时代的职业操守与社会责任 ……………… 087

第二节　融媒体时代的伦理挑战 ……………………………… 097

第三节　社交融媒体时代的公共形象管理 …………………… 104

第四节　主持人在国际舞台上的文化智慧 …………………… 113

第四章　融媒体时代的播音与主持的培训

第一节　融媒体时代的播音与主持人才培养目标 …… 117
第二节　播音与主持课程设置与教学方法的创新 …… 128
第三节　融媒体环境下的播音与主持实践性培训 …… 136

第五章　融媒体时代的播音与主持新趋势

第一节　融媒体平台的播音与主持 …… 145
第二节　融媒体时代播音与主持的互动性特点 …… 150
第三节　跨媒体合作与内容整合 …… 156
第四节　创新技术与播音主持 …… 164
第五节　融媒体时代的播音与主持职业发展与挑战 …… 170

第六章　融媒体时代播音与主持的艺术创新

第一节　融媒体时代的艺术创新概述 …… 178
第二节　融媒体时代的内容创新 …… 188
第三节　创意播音与主持风格 …… 196
第四节　视觉创新与影像表达 …… 207

参考文献 …… 217

第一章 播音与主持艺术的历史发展

第一节 传统媒体时代的播音与主持艺术

一、传统媒体时代的广播节目主持

广播节目主持,作为传统媒体时代的重要角色之一,承载着连接广播媒体与听众之间的桥梁作用。在这个时代,广播是信息传递和娱乐的主要渠道之一,而广播节目主持人更是广播节目的灵魂。本节将深入探讨传统媒体时代的广播节目主持,包括其角色、技能要求、主持风格、对社会的影响等方面。

(一)广播节目主持的角色

1. 信息传递者

广播节目主持人首要的角色是信息传递者。他们通过娓娓道来的方式,将新闻、故事、音乐等内容传递给广大听众。在信息传递的过程中,主持人需要具备清晰明了的语言表达能力,以确保听众能够准确理解和接受所传递的信息。

2. 文化引领者

广播节目主持人在传统媒体时代不仅仅是信息的传递者,还是文化的引领者。通过自身的言行举止,他们塑造着一种文化氛围,影响着听众的价值观和审美观。主持人的主观能动性在这一角色中得到充分体现。

3. 社交连接者

广播节目主持人扮演着社交连接者的角色。通过与听众的互动、回应来建立起一种亲近感，使得广播节目不再是单向的信息传递，而是一种社交体验。主持人的个性和亲和力对于建立这种社交连接至关重要。

(二) 广播节目主持人的技能要求

1. 语言表达能力

语言表达能力是广播节目主持人最为基础也是至关重要的技能。他们需要具备清晰、流利、富有感染力的语言表达，能够让听众轻松理解并产生共鸣。

2. 情感表达能力

情感表达能力是广播节目主持人区别于其他媒体从业者的独特之处。主持人通过声音、语调、情感表达，将信息注入情感，使得广播节目更加生动和感人。

3. 人际沟通能力

良好的人际沟通能力是广播节目主持人与听众产生连接的关键。他们需要善于与各类嘉宾、听众互动，使得广播节目充满活力和互动性。

4. 主持技巧

主持技巧包括调动气氛、灵活应变、化解尴尬等方面。主持人需要在不同的情境下灵活运用这些技巧，以保证广播节目的顺畅和娱乐性。

(三) 广播节目主持的主持风格

1. 严肃庄重型

这类主持人以深厚的专业知识和庄重的语言为特点，适合主持新闻、访谈、专业知识类的节目。他们在广播中展现的形象通常是专业、庄重、严谨的。

2. 幽默风趣型

幽默风趣型主持人以幽默感为特点，适合主持轻松幽默的节目。

3. 亲和温暖型

这类主持人以亲和力和人格魅力为特点，能够轻松地与听众建立起亲密的关系。他们通常在广播中展现出温暖、贴近人心的形象，适合主持亲情、情感类的节目，如心理咨询、生活故事分享等。

4. 知性独特型

知性独特型主持人以个性鲜明、独特见解为特点，适合主持专业领域深度讨论、思想类节目。他们的节目往往带有强烈的个人风格，吸引特定领域的听众。

（四）广播节目主持对社会的影响

1. 信息传递与社会引导

广播节目主持人通过信息的传递和言论的引导，对社会产生着深远的影响。他们可以引导舆论，传递正能量，推动社会进步。同时，主持人的言论也可能引起争议，需要谨慎处理，以免产生负面效应。

2. 文化输出与塑造

广播节目主持人作为文化引领者，通过言行举止和所选择的话题等方式，参与文化的输出与塑造。他们所传递的价值观和审美观对听众的文化认知产生着重要的影响。

3. 社交连接与情感陪伴

广播节目主持人的社交连接作用在于建立与听众之间的情感联系。他们通过与听众互动、回应，使得广播节目成为一种情感陪伴，给予听众温暖并建立情感联系。

4. 社会议题关注与引导

一些具有社会责任感的广播节目主持人会选择关注一些社会议题，通过节目的形式引导听众对社会问题的关注和思考。这种引导作用对于社会进步有着积极的推动作用。

在传统媒体时代，广播节目主持人以其独特的魅力、专业能力和社会影响力，成为广播媒体中不可或缺的一环。他们承担着信息传递、文化引领社交连接等多重角色，通过自身的表现影响着广播节目的质量和受众的体验。然而，随着数字化媒体的崛起，广播节目主持人在新媒体时代的地位和影响力发生了一些变化，但传统媒体时代的广播节目主持人的经典形象依然值得我们回顾和思考。

二、电视时代的主持风格演变

电视时代作为媒体发展的重要时期，见证了主持风格的多样化与演变。主持人在电视节目中扮演着重要的角色，不仅是信息传递者，更是情感传递者和文化引领者。本节将深入探讨电视时代主持风格的演变，包括其历史背景、主持人的角色变化、不同类型节目中的主持风格等方面。

（一）电视时代的主持风格演变背景

1. 电视媒体的兴起

电视媒体的兴起标志着传媒形式的革命。20世纪中叶，电视成为家庭生活不可或缺的一部分，取代了广播和电影成为主要的媒体形式。随着电视技术的不断进步，人们开始能够在屏幕上看到动态的影像，这为主持风格的多元发展创造了条件。

2. 节目形式的多元化

电视时代，各种类型的节目开始涌现，包括新闻、娱乐、脱口秀、真人秀等。每一种类型的节目都需要不同风格的主持人，推动了主持风格的多元化发展。

3. 社会文化的变革

随着社会文化的不断变革，人们对于主持人的期望也在发生变化。传统的主持人形象逐渐被打破，更多富有个性、独特风格的主持人崭露头角，这在一定程度上反映了社会对于多元化、个性化的需求。

（二）主持人的角色变化

1. 传统主持人的形象

早期的电视主持人通常呈现出一种正统、庄重的形象。他们主要负责主持新闻、脱口秀等节目，言行举止较为规范，强调专业性和正式性。

2. 娱乐化与个性化的崛起

随着电视娱乐化的发展，主持人的形象逐渐趋向于更加娱乐、亲和、幽默。一些主持人开始在节目中展现出自己的魅力，强调与观众的互动和情感共鸣。这种风格的主持人更注重轻松幽默的氛围，适应了娱乐化的潮流。

（三）不同类型节目中的主持风格

1. 新闻节目

在新闻节目中，主持人的风格通常较为庄重、专业。他们需要具备深厚的新闻素养和清晰的语言表达能力，确保信息传递的准确和客观。

2. 综艺节目

综艺节目的主持风格多样，主持人在综艺节目中扮演的是一个组织者、引导者的角色，需要根据节目的性质和氛围选择适当的表现。

（1）脱口秀

脱口秀节目的主持人通常以幽默风趣为主导。他们善于用轻松的语言和风趣的表演吸引观众，通过幽默的方式表达自己的观点，拉近与观众的距离。

（2）真人秀

真人秀的主持风格取决于节目的性质，但通常更加注重主持人的亲和力和情感表达能力。一些真人秀的主持人需要在处理人际关系、处理节目的紧张气氛时展现出更强的情感共鸣力。

3. 活动现场主持

在活动现场，主持人的风格往往更加灵活。他们需要适应不同类型的活动，可能需要在一个晚会上展现风趣幽默，而在一个庄重正式的仪式上则展现出庄重得体的形象。

(四) 主持风格的影响与趋势

1. 对观众的情感共鸣

主持人的风格对观众产生深刻的情感共鸣。随着电视媒体的发展，观众不再只是被动接受信息，更希望通过主持人与节目建立一种情感连接。因此，主持人的真实专业的风格更容易引起观众的共鸣，增强观众的观感体验。

2. 多元化的主持形象

随着社交媒体的崛起，主持人的形象不仅仅在电视上得以展现，还在各类社交平台上得到传播。这使得主持人的形象更加多元，可以在不同平台上呈现更个性化的一面。同时，社交媒体也为观众和主持人之间的互动提供了更多的机会。

3. 个性化与专业化并重

未来的主持风格趋势可能会更加个性化与专业化并重。一方面，观众更倾向于接受真实、有趣、具有个性魅力的主持人；另一方面，不同类型的节目对主持人的专业素养也提出更高的要求。主持人需要具备更丰富的知识储备、更专业的表达技巧，以适应不断发展的媒体环境。

电视时代的主持风格演变充分展现了社会文化的多元发展，主持风格始终在与时俱进中不断变化。随着数字化媒体的普及，主持人形象在社交媒体上的表现成为一个新的亮点，同时，观众对于主持人专业技能的需求也在不断增加。未来，主持风格或将更加多元，同时主持人需要在专业素养上不断提升，以适应日益复杂多变的媒体环境。

三、传统广播与电视主持的共通之处

传统广播和电视主持是媒体领域中两个历史悠久的角色，尽管在媒体形式、技术以及受众群体上存在差异，但它们在某些方面有着显著的共通之处。本节将深入探讨传统广播与电视主持的共通之处，包括其角色特征、沟通技巧、影响力等方面。

(一) 角色特征的共通性

1. 社会引导者

广播和电视主持人都承担着一定的社会引导责任。通过选择节目内容、呈现风格，他们在一定程度上能够引导受众的注意力，并起到了传递社会价值观念作用，能直接或间接地推动社会文化的发展。

2. 情感传递者

无论是在广播还是电视上，主持人都是情感传递和信息传播的关键角色。他们通过语言、表情、声音等多种手段将情感注入到节目中，与受众建立情感连接。这种情感传递对于吸引观众、提升节目质量至关重要。

(二) 沟通技巧的共通性

1. 表达能力

无论是广播还是电视主持人，都需要具备卓越的语言表达能力。清晰、流畅、生动的语言表达有助于信息的传递，同时也增加了受众的观感。

情感表达是广播和电视主持人都需要具备的关键技能。能够通过声音、表情、肢体语言等方式传递出真挚的情感，使得节目更具吸引力和感染力。

2. 调动气氛的能力

良好的人际沟通能力对于主持人至关重要。无论是与嘉宾的互动、听众的互动，还是与节目团队的协作，都需要主持人具备良好的人际沟通技巧，以确保节目的顺利进行。调动气氛是广播和电视主持人在直播过程中的一项重要技能。他们需要在不同场合中灵活运用语言、表情等手段，掌控现场气氛，以适应不同节目类型和主题的需要。

(三) 节目类型中的共通之处

1. 新闻节目

在新闻节目中，广播和电视主持人的共通之处在于对信息的准确传递和客观呈现。无论是广播还是电视，主持人需要保持对新闻播报的深刻理解，通过清晰的语言表达，将信息传递给受众。

2. 综艺节目

综艺节目通常要求主持人具备更全面的能力，既需要在幽默搞笑中保持形象，又需要在专业知识领域展现深度。这在广播和电视主持中都是共通的挑战。

（1）脱口秀

脱口秀节目中的主持人通常要具备灵活的应变能力。无论是通过言语技巧、搞笑元素还是与嘉宾的互动，广播和电视主持人都面临着类似的挑战，即如何吸引观众的注意力，使得节目更加有趣。

（2）真人秀

在真人秀中，主持人需要更强调对参与者情感的理解和引导。无论是通过言辞安慰、鼓励，还是通过自身情感投入，主持人在与真实人物互动中有相似的沟通技巧需求。

（四）影响力的共通之处

1. 媒体公众形象

广播和电视主持人的媒体公众形象对于他们的影响力至关重要。无论是通过网络还是传统媒体，主持人的形象和声誉都会影响受众对其的信任程度。

2. 社会影响力

在社会层面，广播和电视主持人都具备一定的社会影响力。他们通过言论、行为等方式，引导公众关注社会问题，传播积极的社会价值观，从而影响社会的发展和进步。

3. 受众认同感

广播和电视主持人的成功与否很大程度上取决于观众的认同感。无论是在广播中仅通过声音传递信息，还是在电视中通过形象展现自己，主持人都需要建立起一种与受众之间的情感连接，使得受众产生认同感，进而成为他们的忠实粉丝。

（五）数字化媒体时代的新挑战

1. 建立个人品牌

随着社交媒体的兴起，广播和电视主持人在数字化媒体时代面临着新的挑战和机遇。他们需要在社交媒体上积极互动，建立个人品牌，与观众保持更加紧密的联系。

2. 观众参与度的提升

数字化媒体时代，观众对于节目的参与度要求更高。广播和电视主持人需要更加注重与观众的互动，通过线上平台收集观众反馈，增加观众的参与感，以更好地适应数字时代的潮流。

3. 多媒体技能的要求

在数字化媒体时代，广播和电视主持人需要具备更多的多媒体技能。不仅需要懂得运用音频、视频技术，还需要了解社交媒体的运作机制，并且能够熟练地使用各种数字工具来拓展自己的影响力。

4. 媒体融合的趋势

数字化媒体时代增强了媒体融合的趋势，广播和电视主持人都需要更好地适应这一趋势。主持人需要增强跨平台的表现能力，同时在不同媒体之间保持一致的形象，这成为他们在数字化时代立足的关键。

传统广播与电视主持在角色特征、沟通技巧、影响力等方面存在着显著的共通之处。无论是在信息传递、社会引导、情感传递方面，还是在语言表达、人际沟通、调动气氛等技能上，主持人都需要具备一系列共通的能力。然而，在数字化媒体时代，主持人面临着新的挑战，需要适应社交媒体的崛起、观众参与度的提升、多媒体技能的要求以及媒体融合的趋势。通过不断学习和适应，广播和电视主持人可以更好地与时俱进，保持其在媒体领域的重要地位。

第二节 融媒体的概念和特点

一、融媒体的定义与演进

融媒体（Convergent Media）是一个多维度的概念，它描述了传媒领域的演进，涵盖了多种不同媒体形式的融合和整合。融媒体的定义与演进可以追溯到传媒领域的不断变革和技术进步。本节将探讨融媒体的定义、历史演进、关键特点以及对社会、文化和经济的影响。

（一）融媒体的定义

融媒体是一个相对新兴的概念，它强调不同媒体形式之间的融合和整合。融媒体不再将传媒看作是单一的实体，而是将其视为一个多媒体、多平台、多渠道的生态系统。融媒体的定义具有多个层面，包括技术、内容和商业层面。

1. 技术层面

在技术层面，融媒体指的是数字技术的发展，使不同传媒形式能够在同一平台上共存和互动。这包括互联网、移动设备、社交媒体和应用程序的发展，它们允许文字、图片、音频和视频等多种媒体形式在一个数字环境中融合。

2. 内容层面

融媒体还涉及不同媒体形式的内容融合。这意味着传媒机构不再仅仅是报纸、电视或广播，而是提供跨媒体的内容，适应不同平台和受众的需求。这可以表现为将新闻报道转化为印刷版、电视版、在线版和社交媒体版等多个版本。

3. 商业层面

融媒体的商业层面涉及到媒体机构如何适应数字时代的商业模式。这包括广告、订阅、赞助和其他收入渠道的多元化,以及如何管理和利用用户数据。融媒体还涉及媒体机构之间的合作和竞争关系,以及如何在不同平台上建立品牌和受众。

(二)融媒体的演进历史

1. 传统媒体时代

在过去的几十年中,传统媒体形式如报纸、电视和广播一直是主流媒体。这些媒体形式各自独立运作,没有太多的交互性。然而,随着技术的发展,媒体开始逐渐融合。

2. 数字媒体时代

互联网的普及和数字技术的飞速发展催生了数字媒体时代。在这个时代,媒体机构开始将内容发布到在线平台,用户可以在互联网上获取新闻、音乐、视频和其他媒体内容。这标志着媒体的数字化和多平台传播的开始。

3. 社交媒体和移动媒体时代

随着社交媒体的兴起和移动设备的普及,用户开始更加积极地参与和分享内容。社交媒体平台成为信息传播和社交互动的主要场所。同时,移动应用程序的出现使用户可以随时随地获取内容。

4. 融媒体时代

融媒体时代是媒体融合的高潮。不同媒体形式的内容不再是独立的,而是可以在不同平台上无缝互通。传统媒体机构不再受限于报纸、电视或广播,而是可以通过多种渠道传播信息。这个时代的特点是多样性、互动性和个性化。

(三)融媒体的关键特点

1. 多媒体融合

融媒体的一个关键特点是多媒体融合。不同媒体形式的内容可以在同一平台上并存,例如在新闻网站上同时提供文字、图片、音频和视频报道。这增加了信息的多样性和丰富性,满足了不同受众的需求。

2. 多平台传播

融媒体还包括多平台传播，即内容可以在多个不同的媒体平台上传播。这包括传统媒体如电视、广播和报纸，以及数字媒体如互联网、社交媒体和移动应用。这种多平台传播方式使信息更广泛地传播到不同的受众中。

3. 互动性

融媒体强调互动性，用户可以积极参与和互动。社交媒体平台允许用户评论、分享和点赞，新闻网站提供在线投票和留言功能，这些互动性特点增强了用户与内容的互动，使传媒不再是一种单向传递信息的媒介，而是建立了更加紧密的受众互动关系。

4. 个性化

融媒体时代注重个性化内容的提供。通过数据分析和用户反馈，媒体机构可以更好地了解用户的兴趣和需求，为他们提供定制化的内容。这可以体现在社交媒体的推荐算法、新闻网站的个性化新闻推送，以及音乐流媒体服务的个性化播放列表。

5. 即时性

融媒体强调即时性，媒体机构需要在第一时间报道新闻和事件，而不是等待传统出版周期。社交媒体和新闻网站可以实时更新信息，使用户可以随时获得最新的内容。这种即时性也增加了传媒对事件报道的实时性和深度。

（四）融媒体对社会、文化和经济的影响

融媒体的发展对社会、文化和经济产生了广泛的影响，以下是一些主要影响方面的讨论：

1. 社会影响

融媒体扩大了信息传播的渠道和速度，使人们更容易获取新闻和信息。然而，这也引发了信息过载的问题，人们需要更好地筛选和辨别信息的真实性。此外，社交媒体的兴起也带来了虚假信息和谣言的传播，对社会产生了挑战。

融媒体还促进了公众参与和社会运动。通过社交媒体，人们可以组织

马拉松、快闪节等社会公益性运动，倡导健康社会，同时增加了公民参加社会活动的机会。

2.文化影响

融媒体对文化产生了深远的影响。它加强了文化的多样性，使不同文化可以更容易地交流和传播。同时，融媒体也带来了文化同质化的风险。

融媒体还改变了文化消费的方式。数字音乐、电影和电视节目的流媒体服务改变了人们获取和消费媒体内容的方式。这对传统媒体行业产生了巨大的冲击，也促使文化创作者采用新的商业模式来适应市场需求。

3.经济影响

融媒体对经济产生了重要影响。数字广告成为了传媒和娱乐行业的主要收入来源。媒体机构需要适应广告市场的数字化，以提供精确的广告定位和数据分析。

同时，融媒体也创造了新的商业机会。数字内容创造者、社交媒体明星和在线视频平台崭露头角，开创了新的收入来源。这也促进了独立媒体和小型企业在数字媒体领域的崛起。

总之，融媒体的演进已经彻底改变了传媒领域的面貌。它在技术、内容和商业层面带来了深刻的变革，重塑了媒体机构、受众和广告商之间的关系。融媒体的特点包括多媒体融合、多平台传播、互动性、个性化和即时性，这些特点对社会、文化和经济产生了广泛的影响，带来了机遇和挑战。融媒体的未来发展将继续受到技术创新和用户需求的驱动，令人期待更多新兴媒体的发展。

二、融媒体时代的主要特点

随着数字技术的不断发展和互联网的普及，媒体领域正在经历前所未有的变革。传统媒体、数字媒体和社交媒体等不同媒体形式的融合正在塑造新的传媒时代，即融媒体时代。本节将探讨融媒体时代的主要特点，包括复合性、广泛性、互动性、独特性和即时性等方面的综合论述。

（一）复合性

融媒体时代的一个重要特点是复合性，它涵盖了各种不同媒体形式的内容融合，从文字到图片、音频和视频。这个特点在多个层面上体现：

1.内容多样性

在融媒体时代，媒体机构不再仅仅局限于传统媒体形式，如报纸、电视或广播。他们可以通过数字平台提供各种类型的内容，包括文字、图片、音频和视频。

2.跨平台报道

多媒体融合还意味着同一事件或话题可以在不同媒体平台上报道。例如，新闻机构可以在其网站上发布新闻文章，同时也可以通过社交媒体平台分享相关图片和视频。这种跨平台报道增加了信息的传播范围，满足了不同受众的需求。

3.丰富的叙事方式

多媒体融合也带来了更丰富的叙事方式。报道可以通过多种媒体形式来呈现，从传统的新闻文章到多媒体交互性图表、视频直播和虚拟现实体验。这使受众更深入地了解事件，并以不同方式与之互动。

（二）广泛性

融媒体时代的另一个显著特点是广泛性。不同于传统媒体时代，媒体内容不再局限于特定的媒体形式，而是可以在多个不同的平台上传播：

1.互联网

互联网是融媒体的核心平台之一，提供了广泛的信息传播和获取途径。新闻、娱乐、社交互动等各种内容都可以在互联网上找到，而且互联网还提供了无限的媒体创作和分发渠道。

2.移动设备

移动设备，如智能手机和平板电脑，已成为人们获取媒体内容的主要途径之一。用户可以通过应用程序、移动网站和社交媒体来访问新闻、视频、音乐和其他媒体内容。这种便捷性使媒体内容随时随地都可获得。

3. 社交媒体

社交媒体平台成了信息传播和互动的主要场所。用户可以在社交媒体上分享新闻、图片、视频和评论，与朋友、家人和关注者互动。这使信息传播更具社交性。

4. 应用程序

应用程序（Apps）也是融媒体的一部分，它们提供了各种服务，包括新闻、娱乐、音乐、视频、社交和游戏等。应用程序通过提供定制化的体验，满足用户的个性化需求。

（三）互动性

互动性是融媒体时代的重要特点之一。与传统媒体形式不同，融媒体允许用户更积极地参与和互动：

1. 用户评论和反馈

在融媒体平台上，用户可以发表评论、提出反馈和参与讨论。这种互动性使用户能够表达自己的观点，与其他用户交流，同时也为媒体机构提供了宝贵的反馈信息。

2. 社交分享

社交媒体平台鼓励用户分享媒体内容，从文章和视频到图片和音乐。用户可以将感兴趣的内容与其社交网络分享，从而将信息传播到更广泛的受众中。这种社交分享的机制使信息更容易扩散。

3. 互动式内容

融媒体还包括互动式内容，如在线投票、问卷调查和互动图表。这种内容形式使用户能够参与到信息的呈现中，增加了参与感和参与度。

（四）独特性

独特性是融媒体时代的又一个显著特点，它涵盖了多个方面：

1. 定制化内容

融媒体允许用户根据自己的兴趣和需求获取定制化的内容。新闻网站可以根据用户的浏览历史和兴趣推送个性化的新闻文章，音乐流媒体服务可以根据用户的音乐口味创建个性化的播放列表。这增加了用户满意度和忠诚度。

2. 推荐算法

融媒体平台使用推荐算法来为用户推荐他们可能感兴趣的内容。这些算法根据用户的过去行为和反馈，从海量的媒体内容中筛选出最相关的内容。这种推荐系统提供了更好的用户体验，同时也有助于提高内容的曝光度。

3. 个性化广告

广告商也利用个性化技术，根据用户的兴趣和行为来提供个性化广告。这样的广告更有可能吸引用户的关注，提高广告的点击率和转化率。

（五）即时性

融媒体时代强调即时性，这是因为数字技术和互联网的普及使信息传播的速度更快，媒体机构需要在第一时间报道新闻和事件：

1. 实时新闻报道

新闻机构可以通过在线新闻网站、社交媒体和移动应用程序实时报道新闻。这意味着用户可以在事件发生后的几分钟内获得最新的信息，而不必等待传统媒体的出版周期。

2. 直播报道

直播报道成为了新闻、体育和娱乐领域的常见实践。通过视频直播，媒体可以将事件实时传输给全球观众，这增加了信息的实时性和参与感。

3. 即时通讯

即时通讯应用程序如微信等促进了信息的即时传递。用户可以与朋友、家人和同事实时交流，分享新闻、图片和视频。

（六）总结

融媒体时代的主要特点包括复合性、广泛性、互动性、独特性和即时性。这些特点共同塑造了媒体领域的新格局，改变了媒体机构、内容生产者和受众之间的关系。在这个时代，用户可以根据自己的兴趣和需求获取个性化的多媒体内容，与其他用户互动并参与信息传播，同时也可以即时了解最新的新闻和事件。融媒体时代的到来为媒体行业和社会带来了许多机遇和挑战，随着技术的不断发展，我们可以期待更多新的特点和创新的出现。融媒体时代已经成为媒体领域的新常态，它在信息传播、文化交流和经济发展方面具有深远的影响。

三、融媒体对传媒行业的影响

随着科技的不断发展和信息传播的日益便捷，传媒行业也经历了巨大的变革。融媒体是一种涵盖多种传媒形式的信息传播方式，包括文字、图片、音频和视频等。这种综合性的传播方式已经对传媒行业产生了深远的影响。本节将探讨融媒体对传媒行业的影响，包括对传媒业务模式、内容制作、消费者体验和市场竞争的影响。

（一）融媒体对传媒业务模式的影响

1. 多平台传播

融媒体的兴起使传媒机构能够将内容发布到多个平台上，如电视、广播、互联网、社交媒体和移动应用程序。这为传媒公司提供了更多的传播渠道，能够触及不同受众，从而扩大了其业务范围。传媒公司不再依赖于传统的媒体平台，而是将其内容发布到各种不同的媒体渠道，以满足不同受众的需求。

2. 自媒体的崛起

融媒体为个人和小型团队提供了创作和传播内容的机会。这导致了自媒体的崛起，自媒体人可以通过社交媒体、博客和视频分享平台传播自己的观点和内容。这种现象改变了传媒业务模式，使更多的内容创作者能够进入传媒行业，同时也为受众提供了更多元化的内容选择。

3. 定制化内容

融媒体的传播方式允许传媒公司更好地理解受众的需求，从而提供更加个性化的内容。通过数据分析和用户反馈，传媒公司可以调整其内容以满足不同受众的兴趣和偏好。这种定制化的内容可以提高受众的满意度，增加忠实度，同时也有助于广告商更精确地定位他们的目标受众。

（二）融媒体对内容制作的影响

1. 多媒体内容

融媒体的特点是多媒体内容的传播，包括文字、图片、音频和视频等多种形式的信息。这使得传媒公司需要跨足不同的媒体领域，以满足受众的多样化需求。内容制作人员需要具备不同媒体制作的技能，以确保他们能够为受众提供多样化的内容。

2. 实时报道

融媒体的传播速度远远快于传统媒体。新闻报道、事件直播和社交媒体更新可以几乎实时地传播到受众。这对新闻媒体来说是一个挑战，因为他们需要更快地制作和发布内容，以保持竞争力。同时，这也为传媒公司提供了更多机会，能够更快地传播热门事件和吸引更多受众。

3. 用户生成内容

融媒体也促进了用户生成内容的兴起。用户可以通过社交媒体、博客和视频分享平台分享自己的观点和内容。这为传媒公司提供了更多的素材和观点，也增加了内容的多样性。然而，这也需要传媒公司更加小心地筛选和验证用户生成内容，以确保准确性和可信度。

（三）融媒体对消费者体验的影响

1. 多渠道访问

融媒体的传播方式使受众能够通过多种渠道访问内容，包括电视、互联网、社交媒体和移动应用。这为受众提供了更多的选择和灵活性，能够根据他们的需求和喜好选择如何访问内容。这提高了消费者体验，使他们能够更容易地找到和消费他们感兴趣的内容。

2. 双向互动

融媒体也增加了受众与内容之间的双向互动。通过社交媒体评论、投票、直播互动和在线讨论，受众可以更积极地参与到传媒内容中。这种双向互动可以增强受众的参与感和忠实度，也有助于传媒公司更好地了解受众的需求。

3. 移动体验

随着移动设备的普及，融媒体也改变了受众的移动体验。受众可以随时随地访问内容，而不再受限于特定的时间和地点。这为传媒公司提供了更多机会，能够满足移动受众的需求，并提供与移动设备兼容的内容。移动体验的提升也促使传媒公司开发更多的移动应用和移动友好的网站，以便更好地服务移动受众。

（四）融媒体对市场竞争的影响

1. 新的竞争者

融媒体的出现为传媒行业引入了新的竞争者，包括社交媒体平台、互联网巨头和自媒体人。这些新竞争者具有不同的优势，如强大的用户基础、技术和创新能力。这使得传统传媒公司面临更加激烈的市场竞争，需要不断创新和提升自身竞争力。

2. 广告收入分配

融媒体的多渠道传播方式也改变了广告收入的分配。传媒公司需要将广告投放到不同的媒体平台上，以满足广告客户的需求。同时，社交媒体和搜索引擎等互联网巨头也在广告领域占据了重要地位，这对传统传媒公司构成了竞争压力。传媒公司需要重新思考广告模式，以保持广告收入的稳定。

3. 品牌建设和声誉管理

融媒体的传播方式使信息传播更加迅速和广泛，这对传媒公司的品牌建设和声誉管理提出了更高要求。传媒公司需要更加谨慎地处理新闻报道，避免不准确和误导性的信息，以保持其信誉。同时，社交媒体和互联网平台也容易传播虚假信息，这需要传媒公司积极参与辟谣和事实核查工作，以维护其声誉。

融媒体对传媒行业产生了深远的影响，改变了传媒业务模式、内容制作、消费者体验和市场竞争。传媒公司需要适应这种变化，以满足受众的需求，保持竞争力。与此同时，融媒体也为受众提供了更多的内容选择和互动性，提高了消费者体验。然而，传媒行业也面临新的竞争和挑战，需要不断创新和适应快速变化的市场环境。融媒体时代的传媒行业将继续发展，为受众提供更多多样化的内容和更好的体验。

第三节　融媒体时代播音与主持的新特征

一、融媒体时代主持的多样化角色

随着融媒体的崛起，主持人这一媒体领域的重要角色也经历了深刻的变革。融媒体时代，信息的传播途径更为多元，观众的需求更为个性化，这对主持人提出了新的要求。本节将深入探讨融媒体时代主持人的多样化角色，包括其在社交媒体方面的不同表现。

（一）社交媒体中的主持人角色

1. 品牌建设者

在融媒体时代，主持人不仅仅在电视或广播上展示自己，更需要在社交媒体上建立个人品牌。通过发布内容、与粉丝互动，主持人可以打造独特的形象，吸引更多的关注，提高个人在社会中的知名度。

2. 内容创作者

社交媒体平台为主持人提供了更多展示自己创意和才华的机会。主持人不再是一个传递信息的传播者，更是内容的创作者。他们可以通过发布短视频、图文等形式，展示自己的专业知识、生活趣事，吸引粉丝关注。

3. 互动推动者

社交媒体强调互动和参与，主持人需要承担起互动推动者的角色。通过与粉丝的互动、回应评论、发起问答等形式，主持人能够建立更紧密的与观众的关系，提高粉丝的黏性。

（二）网络直播中的主持人角色

1. 实时娱乐者

在网络直播中，主持人承担起了实时娱乐者的角色。无论是进行游戏直播、生活实况，还是举办线上互动活动，主持人需要具备在直播平台上吸引观众注意力的能力，同时要展示出趣味性和娱乐性。

2. 社区组织者

网络直播平台往往形成了自己的社区，主持人在这个平台上不仅仅是个别存在，更是社区的组织者。他们需要与观众建立紧密联系，促进观众之间的互动，创建一个积极向上、充满活力的社群。

3. 专业知识传递者

网络直播不仅仅是娱乐，还是传递专业知识的平台。许多主持人通过直播分享自己的专业领域知识，开展专题讲座，成为观众学习的导师。这种角色要求主持人在某个领域有深厚的专业知识。

（三）视频平台中的主持人角色

1. 视频创作者

随着视频平台的兴起，主持人不再受制于传统电视或广播的时间限制，可以通过视频分享平台自主制作发布内容。他们也可以成为视频创作者，能够更灵活地表达自己的观点，制作更具创意的内容。

2. 跨平台合作者

视频平台的发展也为主持人提供了更多与其他领域合作的机会。他们可以与各种创作者、品牌、企业等跨界合作，共同打造更为丰富、多元的内容，拓展自己在不同领域的影响力。

3. 品牌代言人

主持人在视频平台上的表现也为品牌提供了宣传的平台。一些主持人因其在视频平台上的知名度和影响力，成为各类品牌的代言人，通过合作推动产品的宣传。

(四) 媒介融合时期的主持人角色

1. 多面手型

在多个平台中,主持人需要成为多面手型的人才。他们可能在不同平台上展现不同的技能和形象,既能够在社交媒体上灵活互动,又能够在网络直播中展示娱乐才华,同时在视频平台上呈现专业知识。

2. 内容创业者

利用多平台整合的机会,主持人有可能成为内容创业者。通过整合各平台资源,创立自己的品牌,开展线上线下的各类活动,构建更为完整的媒介产业。

3. 社会公益推动者

新媒体时代主持人也积极参与社会公益事业。通过媒介融合,主持人可以更有效地借助网络力量,推动公益项目,引导观众参与社会公益活动,通过影响力发挥主持人在社会中的积极带头作用。

(五) 新媒体时代主持人角色的发展趋势

1. 个性化和细分化

随着融媒体时代观众需求的不断细分,主持人的角色将更加注重个性化和细分化。不同领域、不同风格的主持人会更加突出自己的独特之处,以满足观众多元化的需求。

2. 跨文化与全球化

新媒体时代使得信息传播更加迅速,主持人需要具备跨文化传播的能力。多语言的流利切换,对不同文化的理解和尊重,都将成为主持人在走向全球发展的重要因素。

3. 技术创新与互动性

技术的不断创新将进一步塑造主持人的角色。虚拟现实、增强现实等技术的应用,将使主持人能够与观众实现更高层次的互动,提供更为身临其境的娱乐体验。

(六）数据驱动的内容创作

融媒体时代，数据驱动成为内容创作的重要指导内容。主持人需要通过分析数据，了解观众的喜好和行为习惯，以更有针对性地创作内容，提高内容的吸引力和观众互动度。

融媒体时代主持人的角色呈现出多样化、复杂化的趋势。社交媒体中，主持人承担了品牌建设者、内容创作者和互动推动者的角色；网络直播中，主持人承担起实时娱乐者、社区组织者和专业知识传递者的角色；视频平台中，主持人扮演了视频创作者、跨平台合作者和品牌代言人的角色。而在媒介融合时期，主持人需要承担多面手型内容创业者和社会公益推动者的角色。

融媒体时代主持人的发展趋势将更加注重个性化、细分化、跨文化与全球化、技术创新与互动性以及数据驱动的内容创作。主持人不再仅仅是信息的传递者，更是通过不同的平台和角色，与观众建立更为紧密的关系，成为媒介产业中不可或缺的重要角色。适应并引领这些趋势，将是融媒体时代主持人持续发展的关键。

二、主持人与互联网直播的关系

互联网直播的兴起对媒介产业带来了深刻的变革，而主持人作为媒体领域中的关键，在这个过程中扮演着重要的角色。本节将深入探讨主持人与互联网直播的关系，包括互联网直播对主持人角色的影响、主持人在互联网直播中的发展与挑战，以及未来发展的趋势。

（一）互联网直播对主持人角色的影响

1. 娱乐性与真实性的强调

互联网直播注重的是即时性、娱乐性和真实性。主持人在这个环境中需要更加注重轻松幽默的表达方式，并强调真实性，与观众建立更为亲密的连接。

2. 互动性的提升

互联网直播平台为观众提供了更多的互动机会，主持人需要更好地与观众互动，回应观众的评论、提问，乃至与观众进行实时互动。这种互动性的提升使得主持人能够更直接地感受到观众的反馈，调整自己的表现，形成更加紧密的互动关系。

3. 多元化的内容呈现

互联网直播为主持人提供了更大的创作自由度。主持人可以通过多元化的内容呈现方式，包括游戏直播、生活实况、专业知识分享等，满足不同观众群体的需求。这种多元化的内容呈现使得主持人能够更好地发挥自己的创意和专业特长。

（二）主持人在互联网直播中的发展与挑战

1. 个人品牌的塑造

在互联网直播平台上，主持人需要更加注重个人品牌的塑造。通过在社交媒体上积极互动，发布精彩内容，建立个人独特的形象，主持人能够更好地吸引观众，提高自己在平台上的知名度和影响力。

2. 竞争激烈与注意力经济

互联网直播平台上的竞争异常激烈，观众的注意力成为一种稀缺资源。主持人需要在短时间内吸引观众，保持观众的关注，因此对于表现力、创意和互动性等方面都提出了更高的要求。

3. 粉丝经济与商业合作

互联网直播平台上的粉丝经济成为主持人收入的重要来源之一。通过打赏、付费订阅等方式，主持人能够从粉丝中获得经济支持。同时，主持人与商业品牌的合作也成为常见的收入途径之一。然而，这也带来了商业化与粉丝经济之间的平衡问题。

4. 规范与监管的挑战

互联网直播平台的迅猛发展也引发了一系列监管和规范问题。主持人在内容创作中需要注意遵守法规，同时平台也需要制定更为明确的规则来规范主持人的行为,确保内容的合法性和道德性。

(三)未来发展的趋势

1. 技术创新的驱动

随着技术的不断发展,互联网直播平台将更加注重技术创新。虚拟现实、增强现实等技术的应用将使互联网直播更具沉浸感,主持人也将需要适应这些技术创新,并具备相应的技能。

2. 多媒体融合的发展

未来,主持人可能需要更好地适应媒介融合的发展趋势。不仅仅局限于互联网直播平台,主持人可能需要跨足不同的媒体领域,如社交媒体、视频平台、传统电视等,实现自己在多个平台上的全面发展。

3. 数据化运营与个性化推荐

随着大数据技术的不断成熟,互联网直播平台将更加注重数据化运营。主持人通过分析观众的喜好、行为数据,进行个性化推荐运营,提高内容的精准触达,增加观众的黏性。

4. 跨界合作与 IP 打造

未来,主持人可能会更加注重跨界合作与 IP(知识产权)打造。通过与其他领域的明星、品牌、文化机构等进行合作,主持人能够扩大自己的影响力,同时实现更多样化的商业价值。IP 的打造也将成为主持人发展的重要策略,通过建立独特的品牌形象,吸引更多的合作伙伴和广告商。

5. 社会责任与公益活动

随着社会对公益事业的关注不断增加,主持人可能更加注重社会责任。通过积极参与公益事业,主持人能够提高自己的社会形象,同时与观众建立更为深厚的情感联系。

6. 个性化与细分市场

未来,互联网直播平台上的主持人可能会更加注重个性化和细分市场。不同主持人将通过打磨独特的个人特色,吸引特定领域、特定群体的观众,实现更为精准的市场定位。

主持人与互联网直播的关系是一个不断演变和深化的过程。互联网直播为主持人提供了更多的发展机会，同时也带来了更为激烈的竞争和更复杂的挑战。在这个过程中，主持人需要不断适应新的技术、了解观众需求的变化，同时遵守法律法规。

未来，主持人在互联网直播领域的发展趋势将更加强调技术创新、多媒体整合、数据化运营、跨界合作与 IP 打造等方面。更加注重社会责任和公益活动，以及个性化与细分市场的发展，将使得主持人在这一领域取得更大的成功。

总体而言，主持人在互联网直播领域的发展不仅需要拥有优秀的表现力和才华，更需要具备跨界合作的能力、对技术创新的敏感性，以及对社会发展的适应力。随着互联网直播平台的不断演进，主持人将继续扮演着连接观众与内容的桥梁，成为数字时代娱乐产业中不可或缺的关键元素。

三、主持人在融媒体平台的表现方式

融媒体的崛起使得信息传播更加迅速，而主持人作为媒体领域中的重要角色，也在融媒体平台上发挥着越来越重要的作用。本节将深入探讨主持人在融媒体平台上的表现方式，包括其个人品牌的建设、内容的创作与传播、如何与粉丝的互动，以及在融媒体时代面临的挑战和机遇。

（一）个人品牌的建设

1. 塑造独特形象

在融媒体平台上，主持人需要通过内容和形象塑造打破常规，树立个人独特的形象。这可能包括与众不同的主持风格、独特的个人形象和时尚品位，从而在竞争激烈的环境中脱颖而出。

2. 强调真实性与亲近感

融媒体用户更倾向于与真实、贴近生活的个人互动。主持人在平台上的表现方式需要强调真实性，与粉丝建立更为亲近的联系。这可能包括分享日常生活、工作幕后花絮，增强观众对主持人的亲近感。

3. 利用视觉语言树立形象

主持人需要善于利用视觉语言建立个人形象。这涉及选择合适的图片、颜色搭配，以及对图文内容的巧妙设计，以吸引用户的眼球，形成独特的品牌视觉形象。

（二）内容的创作与传播

1. 多元化内容呈现

融媒体用户对于多样化、有趣的内容有着较高的期望。主持人需要在平台上呈现多元化的内容，包括短视频、图文、语音等多种形式，以满足不同用户的阅读和观看需求。

2. 专业知识分享

主持人可以通过社交媒体平台分享自己的专业知识和经验，成为某个领域的专业代表。这种专业知识分享不仅能够提高主持人在融媒体上的影响力，还能够建立与粉丝之间更为紧密的信任关系。

3. 制作互动性强的内容

融媒体的核心特点之一是互动性。主持人应该制作那些能够引发用户互动、评论、点赞的内容。这可能包括发起问答、投票，回应用户提问，以及参与热门话题的讨论，从而提高用户参与感。

（三）与粉丝的互动

1. 及时回应粉丝互动

在融媒体平台上，用户的互动是极为重要的。主持人应该及时回应粉丝的评论、私信，展现对于粉丝的关注和尊重。这种及时的回应能够加强与粉丝之间的互动关系，提升用户黏性。

2. 举办线上互动活动

融媒体平台提供了举办线上互动活动的便利性。主持人可以通过直播、问答、抽奖等形式，与粉丝进行实时互动。这样的线上活动能够有效地吸引粉丝参与，加深与观众的黏性。

3. 创造独特的粉丝互动体验

主持人可以通过创造独特的粉丝互动体验，如粉丝见面会、线上派对等活动，让粉丝感受到与主持人近距离互动的机会。这种体验能够深化粉丝对主持人的情感连接，令他们更加喜爱主持人。

（四）融媒体时代的挑战和机遇

1. 面临信息过载的挑战

在融媒体时代，用户面临着大量信息的过载。主持人需要在众多内容中脱颖而出，确保自己的信息能够被用户注意到。这需要更加精细的内容策划和传播策略。

（1）处理负面评论和批评

融媒体上，主持人会面临负面评论和批评。这需要主持人具备一定的心理素质，善于处理负面情绪，采用成熟的应对策略，维护个人形象。

（2）隐私和公开度的平衡

融媒体是一个公开的平台，但主持人也需要保护个人隐私。他们需要在公开度和隐私之间找到平衡。过度保密可能导致粉丝感到疏远，而过度公开可能引起不必要的困扰。主持人需要谨慎选择分享的内容，保持私人空间的适当边界。

（3）竞争激烈的融媒体环境

融媒体是一个竞争激烈的环境，用户的注意力容易被吸引到其他内容上。主持人需要不断创新，保持内容的新鲜感，以吸引更多的关注和互动。

2. 面临融媒体时代的机遇

（1）扩大影响力和商业机会

在融媒体平台上表现出色的主持人有机会扩大自己的影响力。通过积累更多的关注者和粉丝，主持人可以吸引更多的商业机会，例如代言、赞助合作等，实现商业化的发展。

（2）与观众建立更为深厚的关系

融媒体为主持人提供了与观众建立更为深厚关系的机会。通过直接的互动、分享个人生活等方式，主持人能够更加贴近粉丝，建立更为真实和有温度的关系，增强用户关注度。

融媒体时代为主持人提供了广阔的舞台，同时也带来了新的挑战。主持人在融媒体平台上的表现方式需要注重个人品牌的建设，通过独特的形象、真实性的强调，吸引关注。多元化的内容创作和传播，与粉丝的互动，能够加深用户的黏性。

然而，融媒体时代也带来了信息过载、负面评论、隐私与公开度平衡等一系列挑战。主持人需要具备应对负面情绪的心理素质，谨慎处理个人隐私与公开度之间的平衡。同时，抓住机遇，扩大影响力，实现商业化发展，是主持人在融媒体时代的发展方向。

总体而言，融媒体为主持人提供了更多展示自己的机会，也为观众提供了更丰富多彩的娱乐体验。通过不断学习和适应融媒体的规律，主持人可以在这个新的媒体时代中取得更为卓越的成就。

第四节　技术发展对播音与主持的影响

一、语音合成技术对播音的影响

语音合成技术是一种利用计算机技术模拟人类语音的方法，它通过算法和模型将文本转化为自然流畅的语音。近年来，随着语音合成技术的不断发展，其在播音领域的应用也日益广泛。本节将探讨语音合成技术对播音的影响，包括技术原理、应用领域、优势与挑战，以及未来的发展趋势。

（一）语音合成技术的基础

1.语音合成的定义与分类

语音合成是一种通过计算机算法将文字信息转化为语音的技术。根据合成的语音形式，语音合成可以分为基于拼音的合成、联合文本和语音的合成等多种类型。

基于拼音的合成：通过对拼音进行合成，生成自然流畅的语音。

联合文本和语音的合成：结合文本信息和语音特征，实现更加真实的语音合成。

2. 技术原理

语音合成技术的实现涉及到多个领域的知识，主要包括：

文本分析：对输入的文本进行分析，确定语音合成的基本要素。

语音合成引擎：根据文本信息生成相应的语音信号，通常采用合成语音的参数模型。

语音信号处理：对生成的语音信号进行处理，以提高语音的自然度和流畅度。

(二) 语音合成技术在播音中的应用

1. 电台广播

语音合成技术在电台广播中发挥了重要作用。它可以用于实现自动播音，从而减轻主持人的工作负担。此外，对于一些简短的新闻快讯、天气预报等信息，语音合成也可以提供高效的播报服务。

2. 有声读物

有声读物是一种通过语音合成技术将书籍转化为语音的服务。这对于视力受限或无法阅读的人群来说是一种重要的信息获取方式。语音合成技术可以使有声读物更加自然。

3. 录音广告

语音合成技术可以用于录制广告中的声音。通过合成技术，广告制作者可以轻松生成符合广告需求的语音素材，提高广告的制作效率。

4. 语音助手

语音助手如 Siri、Alexa 等已经成为日常生活中不可或缺的存在。它们利用语音合成技术为用户提供信息查询、语音交互等服务，极大地方便了用户的生活。

(三）语音合成技术在播音中的优势与挑战

1. 优势

效率提升：语音合成技术能够实现自动化的语音生成，从而提高播音效率，减少人力成本。

多语言支持：语音合成技术能够支持多种语言的合成，为多语言播音提供了便利。

实时更新：对于一些需要实时更新的信息，如新闻、股票行情等，语音合成技术可以实现即时的语音合成，确保信息的及时性。

2. 挑战

自然度不足：尽管语音合成技术在不断改进，但有时仍然难以达到真人语音的自然度和情感表达。

语气和语调难以掌握：在一些需要表达特定语气或语调的情境中，语音合成技术可能无法完全满足需求。

语音合成与人工播音的平衡：在一些强调人情味和主持人风格的节目中，使用语音合成可能会失去一些人情味，难以替代真人播音。

（四）语音合成技术未来发展趋势

1. 技术改进

随着深度学习等人工智能技术的不断发展，语音合成技术将会更加智能化。未来的语音合成系统将能够更准确地模拟人类语音，提高自然度和流畅度。

2. 情感表达

未来的语音合成技术有望更好地模拟人类的情感表达。通过对语音合成系统进行情感识别和表达训练，使其能够在语音中更好地传达情感。

3. 个性化定制

未来的语音合成系统可能会更注重个性化定制。用户可以根据自己的偏好选择不同的语音合成风格，使得合成的语音更符合用户的口味。

4. 多模态融合

未来的发展趋势可能是将语音合成与其他多模态技术融合，如虚拟现实、增强现实等。这将为用户提供更为丰富的感官体验，例如在虚拟现实环境中实现更真实的语音交互。

5. 提升多语言支持

未来的语音合成技术将进一步提升多语言支持的能力。通过深度学习和跨语言模型的应用，语音合成系统将能够更好地适应不同语言的特点，实现更广泛的语言覆盖。

6. 解决社会伦理问题

随着语音合成技术的普及，社会将面临一系列伦理问题，如虚假信息的传播、声音仿冒等。未来的发展需要注重建立相应的法律法规和伦理准则，保障语音合成技术的合理和负责任的应用。

语音合成技术作为人工智能领域的一项重要技术，在播音领域发挥着越来越重要的作用。其在提高效率、多语言支持、实时更新等方面的优势使得它在广播、有声读物等领域得到了广泛应用。

然而，尽管语音合成技术在不断进步，但仍然存在一些挑战，包括自然度不足、语气和语调难以掌握等问题。未来的发展趋势将集中在技术改进、情感表达、个性化定制、多模态融合等方面，以提供更为真实、个性化和全面的语音合成服务。

在充分发挥语音合成技术的优势的同时，社会需要密切关注其潜在的伦理问题，建立健全的法律法规和伦理准则，确保语音合成技术的可持续、负责任的发展。在未来，随着技术的不断创新和应用场景的拓展，语音合成技术有望进一步融入人们的日常生活，为播音等领域带来更多的可能性和创新。

二、AI 在主持中的角色

随着人工智能（AI）技术的飞速发展，其在各行各业的应用日益普及，包括传统媒体领域。主持作为传统媒体中的重要角色，在人工智能的影响下经历了深刻的变革。本节将深入探讨人工智能在主持中的角色，包括技术应用、创意辅助、个性化体验、挑战与机遇等方面。

（一）技术应用

1. 语音合成与语音识别

（1）语音合成

语音合成技术能够将文字转换为自然流畅的语音，使主持人的表达更加灵活多样。这种技术的应用使得主持人可以更轻松地实现自动化的语音生成，例如在广播、电台等领域，通过语音合成技术，主持人能够更高效地产出播音内容。

（2）语音识别

语音识别技术使得主持人能够更方便地与计算机进行交互。通过语音识别，主持人可以实现语音指令控制，快速获取信息，提高工作效率。此外，语音识别也为主持人提供了一种更为便捷的方式来记录、整理信息。

2. 自然语言处理

自然语言处理（NLP）技术使得计算机能够理解、解释和生成人类语言。在主持中，NLP 技术可以用于分析大量的文字信息，为主持人提供更全面、深入的主题分析，帮助主持人更好地准备和主持节目。

3. 视觉识别与增强现实

（1）视觉识别

视觉识别技术可以帮助主持人更好地理解和应对视觉元素。在电视主持中，通过视觉识别，主持人可以实时获取观众的反馈，了解观众的情感状态，从而灵活调整自己的表达方式。

（2）增强现实

增强现实技术为主持人提供了在现实世界中叠加虚拟信息的可能性。主持人可以利用增强现实技术创造更为丰富的视觉效果，增强观众的观赏体验。例如，在体育节目中，主持人可以通过增强现实展示比赛数据、战术分析等。

（二）创意辅助

1. 自动生成创作

人工智能在主持中的一个显著角色是通过算法和模型自动生成创作内容。对于某些类型的节目，特别是基于脚本的内容，人工智能可以分析历史数据、用户喜好，自动生成符合主题和风格的创作内容，减轻主持人的创作负担。

2. 情感分析

情感分析技术可以帮助主持人更好地了解观众的情感反馈。通过分析观众在社交媒体上的评论、情感表达，主持人可以及时调整自己的表达方式，更好地与观众产生情感共鸣。

3. 创意支持工具

人工智能还可以作为创意支持工具，为主持人提供灵感。通过分析大量的文本、图像等信息，AI系统可以生成关联性较强的素材和创意建议，帮助主持人更好地构思和设计节目。

（三）个性化的技术支持

1. 个性化推荐

基于用户历史观看记录、兴趣爱好等信息，人工智能可以为每位观众推荐个性化的主持内容。这种个性化推荐系统可以增加观众对特定主持人的喜爱程度，提高观看体验。

2. 交互体验

语音助手和智能对话系统的发展为主持人提供了更直接、智能的交互体验。观众可以通过语音命令参与到互动节目中，与主持人实时互动，增加了观众与主持之间的联系。

3. 跨平台体验

人工智能技术的跨平台性使得主持人可以更好地在不同媒体平台上保持一致的风格和形象。无论是在电视、广播还是社交媒体，观众都能够感受到主持人一贯的风格和个性。

（四）人工智能语音的挑战与机遇

1. 挑战

（1）技术可信度

在人工智能生成的语音和图像中，有时难以区分真实与虚构。这可能引发技术可信度的问题，观众可能对主持人的真实性质疑。

（2）创造性与情感表达

尽管人工智能在内容生成方面取得了一定的进展，但在创造性和情感表达方面仍然存在挑战。主持人通常需要表达丰富的情感和创意，这是一种人类特有的能力，目前难以被完全复制。

（3）隐私与伦理问题

在个性化推荐和用户数据分析方面，隐私和伦理问题是一个值得关注的方面。如何在保护用户隐私的前提下有效利用人工智能技术，是一个需要认真思考的问题。

2. 机遇

（1）创新性与多样性

人工智能的应用为主持领域注入了新的活力。自动生成创作、个性化推荐等功能可以带来更多样化、创新性的主持内容，以满足不同观众的需求。

（2）提升效率与降低成本

自动化生成和处理技术能够显著提升主持制作的效率，降低制作成本。这对于传统媒体行业来说是一个巨大的机遇，使得更多的资源可以投入到内容的提升和创新上。

（3）扩大受众范围

通过个性化推荐和跨平台体验，主持人有机会吸引更广泛的受众。这意味着可以突破地域和平台的限制，将主持内容推送到全球范围内，扩大受众圈层，吸引更多流量。

（五）人工智能语音系统的趋势

1. 情感智能

未来，人工智能系统将更加注重情感智能的发展，使其能够更好地理解和表达情感。这将进一步提高主持人与受众之间的情感共鸣，使节目更具人情味。

2. 融合增强现实与虚拟现实

随着增强现实（AR）和虚拟现实（VR）技术的不断发展，主持人将有机会在更具沉浸感的虚拟环境中与观众互动。这种融合技术将为主持人提供更为丰富的表达手段和体验方式。

3. 自我学习系统

未来的人工智能主持系统可能具备自我学习的能力。通过不断学习观众的反馈和喜好，系统可以优化生成的内容，更好地满足观众的需求，实现个性化的服务。

4. 区块链技术应用

区块链技术的应用可以帮助解决一些隐私和可信度的问题。通过区块链技术，用户可以更好地掌控自己的数据，同时确保信息的真实性和透明性，提升主持内容的可信度。

人工智能在主持中的角色正日益凸显，为传统媒体注入了新的活力。技术应用、创意辅助、个性化体验等方面的发展使得主持人能够更好地适应观众需求，提高制作效率。然而，挑战与机遇并存，需要主持人、技术开发者和社会共同努力，不断完善技术和规范应用。

第五节　社会需求对播音与主持的影响

一、融媒体时代播音与主持的受众需求

融媒体时代的到来标志着信息传播和消费方式的革命性变化。随着社交媒体、移动互联网等融媒体平台的发展，受众的需求也发生了深刻的变化。本节将探讨融媒体时代主持受众的需求特点、影响因素、媒体创新以及未来发展趋势。

（一）融媒体时代播音与主持的受众需求的特点

1. 多元化的内容需求

融媒体时代的受众不再满足于单一的信息来源，他们追求多元化、个性化的内容。融媒体平台上的用户生成内容（UGC）成为一个重要的信息源，受众更倾向于获取来自不同渠道的信息，以满足个性化的需求。

2. 互动性和参与性

与传统媒体相比，融媒体赋予受众更多的参与和互动的机会。受众不再是被动接收信息的对象，而是可以参与到内容创作、评论、分享的过程中。这种双向互动性和参与性成为新媒体时代受众需求的重要特点。

3. 即时性和实时性

融媒体时代受众对信息的获取有更高的即时性和实时性要求。融媒体上的新闻、热点话题、实时事件成为受众关注的焦点，他们渴望获得最新、最快的信息，以保持对时事的敏感度。

4. 移动性和多平台体验

随着移动互联网的发展，受众对信息的获取不再受时间和空间的限制。他们通过手机、平板等移动设备随时随地接入互联网，期望在不同平台上获得一致的体验。移动性和多平台体验成为融媒体时代受众需求的显著

特点。

(二) 影响融媒体时代受众需求的因素

1. 科技发展

科技的不断进步是融媒体时代受众需求变化的推动力之一。新技术的引入，如人工智能、虚拟现实、增强现实等，为受众提供了更丰富、更便捷的媒体体验，从而改变了他们的需求模式。

2. 社会发展

社会结构和价值观的变化对受众需求产生深远影响。融媒体平台的兴起使得个体更加注重社交和个人表达，对于与自己兴趣相关的信息更加敏感，因此社会发展推动了受众需求向个性化和多元化发展。

3. 经济因素

经济因素也在一定程度上决定了受众需求。社会的经济状况、收入水平等直接影响到受众对信息的获取和消费能力，因此，经济因素在决定受众对内容价值的认知和追求上发挥着重要作用。

4. 文化差异

不同文化背景下的受众对于信息的需求有很大的差异。全球化使得不同文化之间的信息交流更加频繁，但也需要媒体更好地理解和满足不同文化背景下受众的需求，避免信息误解和文化冲突。

(三) 融媒体时代的媒介创新

1. 用户生成内容（UGC）

UGC是融媒体时代的一项重要创新。融媒体平台上，用户可以通过发布文字、图片、视频等形式的内容来分享自己的观点和经验。UGC使受众不仅仅是信息的接收者，更成为信息的创造者和传播者。

2. 数据驱动的个性化推荐

融媒体平台通过大数据分析和机器学习算法，实现对用户兴趣的精准推测，从而提供个性化的内容推荐。这种数据驱动的个性化推荐系统大大提高了受众获取有价值信息的效率，也推动了内容生产的多样化。

3. 直播和实时互动

随着网络带宽的提升，直播和实时互动成为融媒体时代的热点。受众通过直播平台观看实时内容，与主播进行互动，形成一种更为直观和真实的参与体验。

4. 媒介融合

新媒体时代受众通过不同的平台获取信息，因此，媒介融合成为媒体的一项重要创新。媒体通过整合不同的平台，提供一致性的用户体验，使得受众能够在不同的设备和平台上无缝切换，保持一致的内容和用户界面。

（四）播音与主持的发展趋势

1. 强调用户体验

融媒体将更加强调用户体验。媒体平台将致力于提供更直观、更个性化、更智能的用户界面和服务，以满足受众对于便捷性和个性化的更高要求。

2. 智能化与个性化

随着人工智能技术的不断发展，融媒体将更加智能化。通过深度学习和算法的应用，媒体平台将能够更精准地理解受众的兴趣和需求，提供更个性化的内容推送和服务。

3. 跨平台整合和互联互通

融媒体跨平台整合将进一步加强，不同媒体平台之间将更加互联互通。受众将更加便捷地在不同平台上分享、传播和获取信息，形成更为广泛和深入的信息交流网络。

4. 新技术的应用

随着新技术的不断涌现，如区块链、5G 等，融媒体将进一步拓展应用领域。区块链技术可以加强信息的安全性和可信度，5G 技术将提供更高速、更稳定的网络体验，为融媒体时代的发展提供强大支持。

5. 多模态融合

未来的融媒体将更多地实现多模态融合，即音频、视频、文字、图像等多种形式的内容将更加深入地融合在一起。这将丰富受众的感官体验，使得信息更加全面、生动。

融媒体时代播音主持受众需求呈现出多元化、个性化、双向互动化的特点。科技发展、经济因素和文化差异是影响受众需求的重要因素。媒介创新不断推动着融媒体时代的发展，用户生成内容、数据驱动的个性化推荐、直播和实时互动、跨平台整合、虚拟现实和增强现实等技术的应用都在满足受众需求的过程中发挥着关键作用。

未来，融媒体将更加强调用户体验，智能化和个性化将成为主要发展方向。跨平台整合和新技术的应用将进一步推动融媒体的全面发展。多模态融合将为受众提供更加丰富和全面的信息体验。在融媒体时代，主持人需要紧跟潮流，深度理解受众需求，不断创新内容和服务，以更好地满足广大受众的期待。

二、主持人在社会发展中的角色

主持人作为媒体行业的重要角色，在社会发展的浪潮中扮演着关键的角色。社会发展带来了信息传播方式、观众需求和文化氛围的深刻改变，主持人作为信息传递的桥梁和文化的引领者，面临着新的挑战和机遇。本节将探讨主持人在社会发展中的角色演变、影响因素以及应对策略。

（一）主持人的角色演变

1. 传统主持人的角色

在传统媒体时代，主持人主要是通过电视、广播等传统媒体平台向大众传递信息。他们承担着节目引导、话题导入、嘉宾主持等角色，以维持整个节目的流畅和秩序。传统主持人更多地受制于媒体平台和制片方的要求，信息传递单向，观众参与度相对较低。

2. 社交媒体时代的主持人

随着社交媒体的兴起，主持人的角色逐渐发生改变。他们不再仅仅是电视荧屏上的人物，更成为了社交媒体平台上的明星。社交媒体使得主持人能够与观众更直接、更实时地互动。主持人通过社交媒体平台分享生活、参与话题讨论，与观众建立更为亲密的联系。

3. 多平台主持人

当前，主持人已经不再局限于单一的媒体平台。他们可能同时在电视、广播、社交媒体、网络直播等多个平台上开展工作。这要求主持人具备更广泛的技能，包括适应不同平台的表达风格、处理多媒体内容等。

4. 个性化主持人

随着观众对于个性化内容的需求增加，主持人的角色逐渐朝向个性化发展。观众更倾向于追随有独特个性、观点鲜明的主持人，而不仅仅是执行某一节目的机械角色。主持人需要在个性与专业之间找到平衡，更好地满足观众的需求。

(二) 影响主持人角色的因素

1. 技术发展

技术的飞速发展对主持人的角色产生了深刻影响。社交媒体、虚拟现实、人工智能等新技术的应用，使主持人能够更灵活地与观众互动，更便捷地制作和传播内容。

2. 受众需求变化

随着受众需求的变化，主持人的角色也在不断调整。受众对于更为个性化、互动性更强的内容有着更高的期望，这要求主持人更具创造力和灵活性，以适应不断变化的观众需求。

3. 社会文化氛围

社会文化氛围的变迁也塑造了主持人的形象。在社会发展中，主持人需要更敏锐地捕捉社会脉搏，深入理解观众的文化背景和情感需求，以更好地与观众产生共鸣。

(三) 主持人在社会发展中的应对策略

1. 多媒体技能的提升

随着多平台的发展，主持人需要具备更为全面的多媒体技能。他们不仅需要具备传统媒体工作的专业素养，还需要熟练掌握社交媒体、网络直播等新媒体技能，以更好地适应多媒体时代的工作要求。

2. 强调个性与创意

在个性化需求的推动下，主持人应强调个性与创意。通过独特的主持风格、个性鲜明的表达，吸引更多受众的关注。这要求主持人在传统角色中注入更多创新元素，勇于尝试新的表达方式。

3. 善于社交媒体互动

社交媒体的普及使主持人与观众之间的互动更加密切。主持人应善于利用社交媒体平台与观众互动，回应观众关切，分享生活见解，增强与观众的连接。这种互动性有助于建立更紧密的粉丝关系，提高节目的黏性。

4. 持续学习与创新

主持人在社会发展中需要保持持续学习的态度。他们要不断更新自己的知识储备，关注行业动态，学习新的技术和媒体趋势。只有不断创新，才能在竞争激烈的媒体行业中保持竞争力。

5. 正确引导社会脉搏

社会文化的发展对主持人的角色起到了导向和引领的作用。主持人需要了解社会脉搏，深入理解社会发展带来的影响，对时事、文化趋势有清晰的认知，同时要保持一点敏感。这有助于主持人更好地把握观众的兴趣，推出符合时代潮流的内容。

(四) 主持人的未来发展趋势

1. 强调多元化

未来，主持人的发展趋势将更加强调多元化。主持人不再仅仅是一个在电视或广播节目中的形象，而是一个多平台、多领域的个人品牌。他们可能在社交媒体、网络平台、线下活动等多个领域都有所涉足。

2. 个性化推广

个性化将成为主持人成功的关键因素之一。观众更倾向于关注那些个性鲜明、有独特见解的主持人。未来，主持人需要通过个性化的推广手段，建立起更广泛的影响力和粉丝基础。

3. 创新科技的运用

随着科技的不断发展,主持人将更多地运用创新科技。虚拟现实、增强现实、人工智能等技术的应用将使主持人能够提供更丰富、更引人入胜的互动体验,与观众建立更为紧密的联系。

4. 社会责任感的强调

未来的主持人将更加注重社会责任感。随着社会对于公益、环保等问题的关注不断增加,主持人在传递信息的同时,将更加关注社会价值观的引导,通过自身影响力为社会发展贡献积极力量。

在融媒体背景下主持人的角色不断演变,由传统的信息传递者转变为更具个性、更灵活多变的媒体人。技术的发展、受众需求的变化、社会文化的传承,都在塑造着主持人的新形象。未来,主持人需要具备更为全面的技能,强调个性与创新,善于社交媒体互动,持续学习与创新,以适应媒体行业的快速变化。在社会责任感的引导下,主持人将成为社会发展中的引导者和推动者,为观众带来更为丰富、有深度的体验。

三、社会责任感与主持人的社会影响

主持人作为媒体行业中备受瞩目的人物,不仅仅是信息传递的工具,更是社会文化的引领者。在社会责任感的引导下,主持人的角色不再仅限于节目主持,更涉及社会价值的传递、社会问题的关注以及对社会发展的积极参与。本节将深入探讨社会责任感对主持人的意义,以及主持人如何通过社会责任感发挥积极的社会影响。

(一)社会责任感对主持人的意义

1. 主持人作为社会公众人物

主持人作为媒体行业的代表性人物,常常成为公众关注的焦点。他们通过电视、广播、网络等媒体平台传递信息,与观众建立直接联系。在这个过程中,主持人不仅仅是一个节目主持者,更是一个社会公众人物,承担着一定的社会责任。

2. 社会引导作用

媒体在社会中具有重要的引导作用,而主持人作为媒体的代表性人物,承担着引导观众价值观、态度和行为的责任。通过节目的主持,主持人有机会传递正能量,树立积极正面的价值观,引导观众对社会事件和问题的看法。

3. 塑造社会形象

主持人的言行举止往往能够影响观众对其个人形象的认知。社会责任感的展现不仅仅是一种表面的行为,更是通过言传身教,树立积极向上的社会形象。这有助于建立观众对主持人的信任和尊重,使其在社会中具有更大的影响力。

(二)主持人如何通过社会责任感发挥积极的社会影响

1. 关注社会问题

主持人可以通过关注社会问题,将公众视线引导到一些关键的社会议题上。通过专题节目、公益活动等形式,主持人有机会深入挖掘社会问题的根本原因、解决方案,并为解决问题提供平台。

2. 传递正面价值观

通过言传身教,主持人可以通过自身的行为和言辞传递正面价值观。这包括对诚实、正直、责任心等道德价值的弘扬,以及对社会团结、互助、关爱的强调。这样的积极价值观能够对观众产生正向的影响。

3. 参与公益慈善活动

主持人通过参与公益慈善活动,展现了对社会的责任感。这不仅包括在公益节目中的呼吁关注,还包括亲自到一线参与救援、帮扶等活动。这种实际行动能够激励观众积极参与公益活动,形成社会正能量。

4. 引导公共讨论

主持人在节目中的言论能够引导公众讨论,推动社会话题的深入交流。通过深度访谈、专题辩论等形式,主持人能够促进观众对于社会问题的深刻思考，培养观众的批判性思维。

5.鼓励正面行为

主持人可以通过表扬、鼓励正面行为，树立正面典范。这包括关注身边的普通人英勇事迹，以及对社会产生积极影响的公共人物。通过展示这些正面案例，主持人能够激励观众积极向上，促使社会更加和谐向善。

（三）主持人的社会影响评估

1.受众反馈

受众的反馈是评估主持人社会影响的一个关键因素。通过社交媒体、调查问卷、观众来电来信等途径，主持人能够了解观众对其社会责任感的认知和评价。正面的反馈通常代表主持人的积极社会影响。

2.社会问题解决程度

主持人关注的社会问题是否得到解决，以及观众是否积极参与解决问题，都是评估主持人社会影响的重要指标。通过实际行动促使社会问题得到改善，是主持人社会责任感发挥作用的体现。

3.社会形象塑造

主持人的社会形象是指其在公众心中的形象和声誉。通过在媒体上的表现、社会活动的参与等方式，主持人能够塑造一个正面的、有责任感的社会形象。

4.公共关注度

主持人关注的社会议题是否能够引起公众的广泛关注也是评估社会影响的重要方面。通过媒体报道、社交媒体热议等途径，可以了解主持人的关注点是否与公众关切的社会问题相契合，以及是否能够引发社会广泛的讨论和反思。

5.公共认可度

社会责任感的发挥还表现在主持人的公共认可度。这包括在行业内的口碑、获得的奖项以及社会各界的认可程度。这些都是评估主持人在社会中所发挥影响的重要指标，也反映了其在社会责任感履行中的成效。

(四) 社会责任感的挑战

1. 舆论压力

在关注社会问题、发声时，主持人可能面临来自不同观点的舆论压力。这需要主持人具备坚定的信仰和道德底线，同时善于与不同声音进行沟通，保持理性和开放的态度。

2. 坚定立场

一些社会问题涉及各方的问题，主持人在关注这些问题时可能需要临场发挥。在此情况下，主持人需要明确自己的立场，坚持原则，避免因冲突而失去公信力。

3. 社交媒体的负面影响

虽然社交媒体为主持人提供了更直接、更广泛的传播渠道，但同时也存在负面影响。社交媒体上的网络暴力、谣言传播等问题可能对主持人的社会责任感造成影响。在这种情况下，主持人需要善于处理社交媒体风险，保护好自己的形象。

社会责任感是主持人作为媒体从业者应当具备的重要品质之一。通过关注社会问题、传递正面价值观、参与公益活动等方式，主持人能够发挥积极的社会影响。然而，这需要主持人不仅具备深厚的专业素养，更要有坚定的道德底线和社会责任感。在社会发展的浪潮中，主持人作为公共人物，其言行举止将对社会产生深远的影响，因此，他们需要以更加负责任和理性的态度履行社会责任，为社会发展贡献积极的力量。

第二章　融媒体时代的播音与主持技能要求

第一节　融媒体时代播音与主持的沟通技巧

一、融媒体传播内容适应技巧

在当今数字时代，信息传播已经从单一平台走向多元化，这对于内容创作者来说既是挑战也是机遇。不同的平台有着不同的用户群体、使用习惯和算法规则，因此，为了更好地传达信息，创作者需要学会将内容在多平台上进行适应。本节将深入探讨融媒体传播内容适应的技巧，为创作者提供一些建议，帮助他们在众多平台上实现精准传播。

（一）理解各平台特点

在开始内容适应之前，首先需要深入理解目标平台的特点。不同的社交媒体平台，如微博、抖音、小红书等，有着独特的用户定位和交互模式。例如，小红书更注重图像和短视频，而微博则以文字为主。了解这些特点有助于创作者更好地把握受众心理，量身定制内容。

（二）创造多元化内容

多平台适应并不是简单地将一种形式的内容复制粘贴到其他平台上。相反，创作者应该采用多元化的内容形式，以满足不同平台用户的需求。

可以通过文字、图片、视频、图表等多种形式，将相同主题的内容呈现在不同媒体上，以提高信息传播的覆盖面。

（三）优化标题和描述

标题和描述是用户接触内容的第一印象，因此它们在多平台适应中尤为重要。每个平台都有其独特的字数限制和排版规则，因此需要根据实际情况进行调整。创作者可以利用各平台的热门关键词和话题，巧妙地设计标题和描述，引起用户的兴趣，提高用户关注度。

（四）管理发布时机

不同平台的用户活跃时间存在差异，因此在发布内容时需要考虑时机。通过分析数据，了解目标用户的上网时间，选择在用户活跃度较高的时间发布内容，提高内容被看到的机会。合理的发布时机有助于提高内容的曝光度和传播效果。

（五）制定平台专属策略

每个平台都有其独特的算法和推荐机制，创作者需要根据这些规则制定相应的内容推广策略。例如，在一些平台上，与粉丝互动频繁的内容更容易被推荐，而在另一些平台上，热门话题的参与度更高。通过深入了解每个平台的运作规律，制定相应的策略，可以提高内容的曝光和传播效果。

（六）跨平台合作

在多平台内容适应中，跨平台合作是一个有效的策略。创作者可以通过与其他内容创作者、品牌或社交媒体账号合作，共同推动内容的传播。这不仅可以拓展受众范围，还能够借助合作方的资源和影响力，提高内容的曝光度。

（三）持续优化

数字时代的变化迅猛，社交媒体平台的规则和用户行为也在不断演变。因此，创作者需要保持敏感性，不断优化适应策略。通过定期分析数据、关注平台更新和用户反馈，及时调整内容发布策略，保持内容的新鲜度和吸引力。

在数字时代,多平台内容适应已经成为内容创作者不可或缺的技能。通过深入了解各平台特点,创造多元化内容,优化标题和描述,合理管理发布时机,制定平台专属策略,跨平台合作,以及持续优化策略,创作者可以更好地在多平台上实现精准传播,赢得更多受众的关注和认可。通过不懈努力和创新,创作者将更好地适应数字时代的潮流,成为内容传播的佼佼者。

二、个性化与情感表达

在数字化的时代,内容创作已经成为人们表达思想、分享经验和建立连接的关键方式。在这个过程中,个性化和情感表达不仅仅是吸引观众的手段,更是在海量信息中脱颖而出的秘诀。本节将深入探讨个性化与情感表达在内容创作中的重要性,以及一些实用的技巧,帮助主持创作者在激烈竞争中脱颖而出。

(一)个性化:打造独特品牌

在内容创作领域,个性化是打破同质化的关键。无论是主持人博客、社交媒体账号还是品牌,都需要通过个性化的表达来树立独特的品牌形象。这可以通过独特的写作风格、视觉元素,以及声音表达来实现。个性化的内容更容易被观众记住,建立起与受众之间深厚的连接。

(二)情感表达:共鸣的力量

情感是内容传播的强大推动力。观众更容易与充满情感的内容产生共鸣,从而更深刻地记住并与之产生连接。在内容创作中,可以通过真实的情感故事、生动的描写,以及积极的情感表达来吸引观众。不仅要关注积极情感,对于负面情感的真实表达同样能够引起共鸣,因为它更贴近生活的真实。

(三)人物塑造:打造有温度的角色

如果内容中包含人物,那么人物的个性和情感表达尤为重要。通过深入塑造角色，使其拥有鲜明的特质和生动的情感，能够使读者更容易产生共鸣。这不仅包括正面角色，也可以包括反派或者复杂多面的角色，使故事更加生动有趣。

（四）创新表达形式：多元化呈现情感

情感表达并不仅限于文字。在数字时代，创作者可以通过多元化的表达形式来传递情感，如图片、音频、视频等。这不仅能够满足不同用户的偏好，也能够更全面地呈现故事或观点。例如，通过音乐搭配，图像设计，或者影片剪辑，创作者可以更深刻地表达情感，使内容更加引人入胜。

（五）与受众互动：建立共同体验

建立与受众的互动是情感表达的延伸。通过回应评论、举办互动活动或者分享受众的故事，创作者可以将创作过程变成一种共同体验。这不仅增加了内容的深度，也使受众更有参与感，更容易产生情感共鸣。

（六）利用幽默和轻松感：情感传递的缓冲剂

幽默和轻松感是情感表达的重要元素。适度的幽默可以缓解紧张情绪，让受众更容易接受和理解内容。在情感表达中巧妙运用幽默，不仅可以增加趣味性，也能够让观众更轻松地与内容产生共鸣。

（七）深化主题：引导深度思考

除了情感共鸣，深化主题也是内容表达的重要一环。通过深化对主题的探讨，创作者可以引导受众深度思考，产生更为持久的情感共鸣。这需要创作者具备对社会、人性、文化等方面的深刻洞察，以及对表达方式的独特构思。

在内容创作中，个性化和情感表达是吸引受众、建立深度连接的关键。通过打造独特品牌、共鸣的情感表达、人物的深度塑造、创新表达形式、互动共创、幽默与轻松感的运用以及深化主题的探讨，创作者可以使自己的内容脱颖而出，成为数字时代中引领潮流的力量。在不断挖掘自我表达的同时，也能够在观众中留下深刻的印记，成为内容创作领域的独特存在。

二、个性化与情感表达

在融媒体时代,信息的传递变得更加迅速、广泛,因此,内容创作者必须借助个性化和情感表达这两翼,使其作品在浩如烟海的信息中脱颖而出。本节将深入研究个性化和情感表达在内容创作中的关键作用,以及如何巧妙地将二者结合,使作品更为引人入胜。

(一)个性化:塑造独特品牌

定义个性化:个性化不仅仅是独特的外在表现,更是对内在特质的深刻挖掘。在内容创作中,个性化包括写作风格、视觉元素、声音表达等多个方面。

建立品牌形象:个性化内容是构建品牌形象的关键。创作者应该通过深入挖掘自己的独特之处,打造一个有独特魅力的品牌形象,让受众一眼就能辨认出来。

与受众建立连接:通过个性化,创作者能够更好地吸引目标受众,建立更加深厚的连接。这种连接不仅仅是对内容的喜好,更是对创作者个人的认同感。

(二)情感表达:引发共鸣的力量

情感表达的定义:情感表达是创作者通过作品传递情感、引起观众共鸣的一种手段。这包括喜怒哀乐,以及更为复杂的情感体验。

共鸣的心理学原理:人们更容易与充满情感的内容产生共鸣,因为情感是人类沟通的基础。了解观众的情感需求,有助于创作者更好地满足他们的期望。

真实情感的力量:虚构的情感和真实的情感之间有着明显的区别。创作者应该勇敢展示真实的情感,这种真实性能够打动观众,引发更为深刻的共鸣。

(三) 个性化与情感表达的融合

独特的情感表达风格：将情感表达融入个性化风格中，创作者可以形成独特的情感表达风格。这种风格能够使作品在众多相似内容中脱颖而出。

情感驱动的个性化：个性化不仅是外在形式，更是内在情感的体现。创作者可以通过表达内心的情感，形成一个与众不同的个性化品牌。

情感引导的互动：通过引导观众情感，创作者可以建立更为深刻的互动。观众在情感共鸣中会更主动，产生更深层次的连接。

(四) 实用技巧与案例分析

多媒体表达技巧：运用多媒体手段，如图片、音频、视频，丰富情感表达的形式，提高观众的参与感。

社交媒体互动案例：通过社交媒体，创作者可以借助评论、分享等功能，建立起与受众的直接互动，增强情感共鸣。

情感营销的成功案例：品牌通过巧妙运用情感元素，成功地激发了消费者的情感共鸣，取得了市场的成功。

(五) 情感化表达的发展趋势

虚拟现实的融入：随着技术的不断进步，虚拟现实为创作者提供了更为广阔的创作空间，情感表达和个性化也将在虚拟环境中得到更为丰富的表达。

人工智能的助力：人工智能技术的发展，尤其是自然语言处理技术，将为个性化内容创作和情感表达提供更为智能化的支持，从而提高创作效率和质量。

在数字时代，个性化与情感表达是内容创作的两大支柱，它们相辅相成，使作品更具深度、广度和吸引力。通过深入挖掘个性、真实表达情感，创作者能够在庞大的内容海洋中独树一帜。通过技巧性的融合，创作者不仅能够打动受众的心弦，更能够建立起稳固而真挚的连接。在未来，随着技术和社会的不断发展，个性化与情感表达将继续成为内容创作领域中不可或缺的灵魂。

（六）挑战与应对策略

信息过载的挑战：在数字时代，人们面临信息过载的问题，因此，创作者需要通过更加鲜明的个性和深刻的情感表达来吸引目标受众，使其对作品产生浓厚兴趣。

内容过于情感化的风险：虽然情感表达对于共鸣至关重要，但过度的情感表达有时可能导致观众疲劳。创作者需要保持平衡，避免过分渲染，使作品更具深度和复杂性。

（七）教育与培训

创作者培训：培养更多具有个性化创作和情感表达技能的创作者是当务之急。通过各种培训课程和工作坊，创作者可以更好地理解和应用这两个关键元素。

教育平台的兴起：一些在线教育平台已经开始提供个性化内容创作和情感表达方面的课程，为有志于进入创作领域的人们提供了更多的学习机会。

（八）个性化推进策略

创作者工具的创新：未来，随着技术的发展，将会有更多的创作者工具涌现，这些工具将有助于创作者更好地实现个性化和情感表达。

全球化与跨文化的内容表达：随着全球化的推进，创作者将更多地关注跨文化的内容表达，更好地满足不同文化背景的观众的需求。

在数字时代，个性化与情感表达已经不再是一种奢侈，而是成功内容创作的关键所在。创作者需要在个性化中找到自己的独特之处，在情感表达中找到观众的共鸣点。这两者相辅相成，共同构建了内容创作的艺术。未来，随着技术、教育和文化的不断发展，个性化与情感表达将继续发挥着不可替代的作用，成为创作者吸引受众、传递信息和建立深层连接的核心动力。因此，对于每一个内容创作者而言，更深刻地理解和运用个性化与情感表达，不仅是一种技能，更是一种创作的责任与担当。

三、主持人社交媒体语言与互动技能

在融媒体时代，社交媒体已经成为人们交流、分享和互动的主要平台。在这个信息爆炸的时代，社交媒体语言与互动技能的高超运用成为吸引受众、建立品牌形象、促进社交连接的重要手段。本节将深入研究社交媒体语言的特点以及互动技能的重要性，同时提供一些实用的技巧，以帮助主持人以个人和品牌在社交媒体上更好地展现自己，与受众建立更紧密的联系。

（一）主持人社交媒体语言的特点

简练而生动：社交媒体上的语言通常更注重简洁生动，因为用户在阅读时往往浏览速度快，需要能够迅速吸引注意力。

表达个性：社交媒体是展示个性和品牌形象的舞台，因此语言应该能够反映出个体或品牌的独特风格，以便在竞争激烈的环境中脱颖而出。

借助多媒体元素：文字之外，社交媒体语言也涉及到图像、视频、表情符号等多媒体元素的运用，以更全面地表达情感和信息。

与受众互动：社交媒体语言的目的之一是与受众建立互动。通过提问题、发起投票、引发评论等方式，语言可以成为双向沟通的桥梁。

（二）主持人的社交媒体互动技能的重要性

建立信任和连接：通过积极的社交媒体互动，个人和品牌可以更好地建立信任关系，因为这展示了对受众的关注和回应。

提高可见性：社交媒体平台的算法通常会更频繁地展示那些受到互动和评论的内容，因此积极的互动可以提高内容的可见性和曝光度。

激发用户参与：通过巧妙的互动技巧，可以激发用户参与，增加他们与内容的亲密感，从而提高品牌或个人在受众中的影响力。

（三）主持人的社交媒体语言的运用技巧

了解目标受众：在使用社交媒体语言之前，首先需要深入了解节目的

目标受众的语言习惯、文化背景、兴趣爱好等。只有对受众有深刻的了解，才能更好地制定语言策略。

注重内容质量：社交媒体语言的生动和简洁不代表可以牺牲内容的深度和质量。好的内容才是吸引受众的关键。

避免过度使用缩写和俚语：尽管社交媒体语言通常较为轻松，但过度使用缩写和俚语可能导致信息理解的混淆，特别是在面向不同文化和年龄层的受众时，因此主持人在社交场合中须避免使用缩写及俚语。

运用视觉元素：社交媒体语言并不仅限于文字，图像、表情符号、GIF等视觉元素都可以用来丰富语言表达，使内容更引人入胜。

（四）主持人社交媒体互动技能的实践方法

及时回应评论：在发布内容后，要及时回应受众的评论。这不仅能够增加互动，也显示了对受众的尊重和关注。

发起问答环节：通过发起问答环节，可以引导受众参与讨论，分享他们的观点，增强用户对内容的投入感。

利用投票和调查：社交媒体平台通常提供投票和调查功能，创作者可以通过这种方式让受众参与决策过程，产生更强的参与感。

分享用户生成内容：通过分享用户生成的内容，如评论、图片、视频，不仅能够展示对受众的关注，还能够增加内容的真实感。

（五）主持人社交媒体语言与互动的挑战与解决方案

信息过载的挑战：在社交媒体节目上，信息过载是一个普遍问题。解决方案包括提供给主持人有价值的信息、定期整理和优化内容，以确保用户对主持人社交媒体信息的接收和理解。

负面互动的处理：遇到负面互动时，主持人需要冷静应对，避免在节目中情绪化的回应。有时候，通过私信方式解决问题更为妥当。

（六）教育与培训

社交媒体语言的培训课程：提供社交媒体语言的培训课程，帮助创作者和品牌更好地掌握在社交媒体上的语言表达技巧。

互动技能的提升：专门的互动技能培训可以帮助创作者更好地与受众互动，建立更紧密的连接。

社交媒体语言与互动技能是数字时代社交沟通的关键，无论是个人还是品牌，都需要深刻理解这两者的重要性。通过巧妙运用生动而有趣的语言，以及积极有效的互动技巧，创作者可以在社交媒体上建立起更为深厚的关系，拓展自己的影响力。随着技术的不断创新和社交媒体的发展，语言与互动将继续演变，为更丰富、更深入的社交体验铺平道路。因此，学习和提升社交媒体语言与互动技能，不仅是迎接数字时代社交挑战的需要，更是在社交媒体舞台上脱颖而出的关键一步。

第二节　融媒体素养与技术应用

一、数字素养与媒体工具的使用

随着信息技术的迅猛发展，数字素养与媒体工具的使用成为当代社会中必不可少的技能。数字时代要求个体和组织具备更高水平的数字素养，同时能够熟练运用各种媒体工具，以更好地适应和创造在数字环境中的信息。本节将深入研究数字素养和媒体工具的概念、其在当今社会的重要性，并提供一系列实用的技巧，帮助个体和组织更好地利用数字技术和媒体工具，拓展创造力和创新能力。

（一）数字素养的概念

数字素养的定义：数字素养是指个体能够有效、创造性地使用数字技术来获取、评估、组织、创造和分享信息的能力。它包括技术层面的操作能力，也包括对信息的批判性思维和创造性运用。

数字素养的要素：数字素养包括基本的计算机操作技能、信息检索能力、对数字信息的理解与评估、以及创新运用数字工具解决问题的能力。

它是一个全面、综合的概念，与个体在信息社会中的生存和发展密切相关。

（二）数字素养的重要性

适应数字时代：数字素养是适应数字时代的基本条件。在信息爆炸的今天，具备良好的数字素养可以帮助个体更好地理解和应对各种数字化的挑战。

拓展创造力：数字素养的培养可以拓展创造力，使个体能够更灵活、更高效地利用数字工具，产生更具创意性的成果。

提升就业竞争力：在现代职场，对数字工具的熟练运用已经成为很多岗位的基本要求。拥有较高的数字素养将提升个体在职场上的竞争力。

（三）媒体工具的概念

媒体工具的定义：媒体工具是指一系列用于传播信息、沟通观点、呈现创意等目的的技术和设备。这包括了传统媒体如印刷媒体、广播、电视，以及数字媒体如社交媒体、博客、视频平台等。

媒体工具的多样性：随着科技的不断发展，媒体工具的形式愈加多样。从传统的文字媒体到图像、音频、视频等多媒体形式，再到现代的虚拟现实和增强现实，媒体工具的多样性为信息的表达提供了更广阔的空间。

（四）数字素养与媒体工具的结合

数字素养促使媒体工具的发展：数字素养的不断提升推动了媒体工具的创新。人们对于数字技术的熟练应用促进了各种媒体工具的涌现，从而更好地满足信息传播的需求。

媒体工具助力数字素养的培养：各种媒体工具提供了丰富的学习资源，可以帮助个体培养数字素养。通过在线学习、社交媒体平台等，个体可以获取实时信息，进行自主学习。

（五）数字素养与媒体工具的实用技巧

持续学习与更新：数字技术和媒体工具的更新速度很快，个体需要保持学习的习惯，及时了解和适应新的工具和技术。

跨媒体的整合应用：数字素养和媒体工具的结合不仅仅是单一工具的

运用，更要求个体具备整合不同媒体的能力，以创造更富有层次感的信息呈现。

数据分析与解读：数字素养的提升需要个体具备对数据的分析和解读能力。各种媒体工具提供了大量的数据，善于从中提炼有用信息是数字素养的关键。

（六）数字素养与媒体工具的挑战与解决方案

信息过载的挑战：在信息爆炸的时代，个体很容易面临信息过载的问题。解决方案包括精准定位学习方向，善于筛选高质量信息。

安全和隐私问题：数字素养的提升需要个体了解并注意信息安全和隐私问题。对于媒体工具的使用，保护个人信息和避免隐私泄露是至关重要的。

（七）教育与培训

数字素养课程的普及：学校和培训机构应当普及数字素养课程，培养学生对数字技术的理解和应用能力。这也包括了对媒体工具的实际操作和创意运用的培训。

在线学习资源的整合：为了提高数字素养和使用媒体工具的水平，教育机构可以整合在线学习资源，提供各种形式的学习材料和实践机会，帮助学生更好地掌握相关技能。

媒体工具的使用已经成为信息时代中不可或缺的技能。它不仅仅是对技术的熟练运用，更是对信息的理解和创造性运用的综合能力。数字素养的不断提升与媒体工具的不断创新相辅相成，共同推动社会向着数字化、智能化的方向发展。对于个体而言，个人数字素养的提高与善于使用各类媒体工具的技能，意味着个体能更好地适应社会，更灵活地处理信息，更有创造性地表达自己。对于组织和社会而言，积极推动数字素养的培养和媒体工具的创新，是推动社会进步、激发创新力的重要手段。

未来，随着科技的发展和社会的进步，数字素养与媒体工具的融合将继续面临新的挑战和机遇。技能培训和素质教育将在培养数字时代的人才方面发挥关键作用。而个体需要保持谦虚的姿态，不断提升自己的数字素养水平，善用媒体工具，以更好地创造社会价值。在这个数字化、信息化的时代，数字素养和媒体工具的使用能力将成为个人的核心竞争力。

二、实时直播技能与视频编辑技巧

在融媒体时代，实时直播技能和视频编辑技巧成为创作者们展示自己、分享信息以及与受众互动的强大工具。实时直播提供了即时沟通和实时互动的平台，而视频编辑技巧则增强了内容的专业性和吸引力。本节将深入探讨实时直播和视频编辑的概念，分析其在融媒体创作中的重要性，并提供一系列实用的技巧，以帮助创作者更好地利用这两种工具，创作出更引人入胜的数字内容。

（一）实时直播的概念

实时直播的定义：实时直播是指通过网络将音视频内容实时传输到观众端的一种数字媒体形式。它具有即时性、互动性和真实性的特点，使观众能够在实时观看的同时进行互动和反馈。

实时直播的平台：随着技术的不断发展，出现了许多实时直播平台，如抖音直播、斗鱼直播、快手直播、小红书直播等，这些平台为创作者提供了广泛的展示和互动空间。

（二）实时直播的重要性

即时互动与观众连接：实时直播通过实时互动机制，让观众能够在第一时间与创作者进行互动，增强了创作者与观众之间的连接感。

事件实况报道的有效手段：实时直播为事件实况报道提供了强大的技术支持，无论是新闻、体育赛事还是社交活动，都能够通过实时直播向全球观众传递信息。

内容生产的即时性：对于创作者而言，实时直播提供了即时展示创作成果的机会，使内容生产更加及时、灵活，适应了观众对即时信息的需求。

（三）实时直播技巧

准备充分：在直播开始前，确保设备正常运行，网络连接稳定。提前规划好内容，准备可能用到的素材和工具。

保持互动：实时直播的核心是互动，创作者应积极回应观众的评论和提问，使观众感受到参与的价值。

注意直播质量：画面清晰、声音清楚是吸引观众的基本要素。确保使用高质量的设备，合理设置画面和声音。

（四）视频编辑的概念

定义视频编辑：视频编辑是通过对录制的视频素材进行剪辑、组合、特效处理等手段，使其达到更高质量和更好视听效果的过程。视频编辑可以在实时直播之外，更多用于制作事先录制好的视频内容。

视频编辑软件：有很多专业的视频编辑软件可供选择，如 Adobe Premiere Pro、Final Cut Pro、DaVinci Resolve 等。此外，也有一些简单易用的在线编辑工具，适合初学者使用。

（五）视频编辑的重要性

提升视觉体验：视频编辑能够通过剪辑、特效等手段，提升视频的视觉质量，使观众更愿意观看。

故事叙述的工具：视频编辑是一种故事叙述的手段，通过合理的剪辑和场景过渡，可以更好地讲述一个故事，引发观众的共鸣。

品牌形象的传递：对于商业品牌而言，通过视频编辑，可以更好地传递品牌形象，制作具有吸引力和影响力的广告和宣传片。

（六）视频编辑技巧

了解基础剪辑原理：学习基础的剪辑原理，包括剪切、过渡、颜色校正等基本技巧，是进行视频编辑的第一步，这些基础知识将有助于更好地组织和呈现内容。

保持故事连贯性：在编辑过程中，确保故事的连贯性是至关重要的。平滑的过渡和一致的节奏能够让观众更好地理解和沉浸在故事中。

使用特效和过渡：适度使用特效和过渡能够提升视频的吸引力。但要注意避免过分使用，以免分散观众的注意力。

注意音频质量：音频质量同样重要，甚至有时比视频质量更为关键。确保清晰、适当的音频，可以提高观众的观看体验。

注重细节：注意视频中的细节，包括字幕、标签和其他文本元素。这些细节能够让观众更容易理解内容。

（七）实时直播与视频编辑的结合运用

实时直播的录制与后期编辑：有些平台支持实时直播的同时进行录制，这样你可以在直播结束后对录制下来的内容进行后期编辑，提升视频质量。

在实时直播中使用预先录制的素材：在实时直播中，节目组可以提前录制一些素材，然后通过视频编辑工具将其嵌入到直播中，以提供更为精彩和专业的效果。

利用实时特效和滤镜：一些实时直播平台提供了实时特效和滤镜，可以在直播过程中增加趣味性和吸引力，也可以在后期编辑中添加更丰富的特效和滤镜。

（八）实时直播与视频编辑的挑战与解决方案

网络和设备问题：网络不稳定和设备问题可能影响实时直播的质量。解决方案包括提前测试设备、选择稳定的网络环境，以及备用设备的准备。

时间压力：实时直播和视频编辑都面临时间压力，特别是在一些事件报道或紧急情况下。解决方案包括提前准备和规划，以及灵活应对突发情况的能力。

（九）教育与培训

实时直播和视频编辑的培训课程：提供实时直播和视频编辑的培训课程，帮助创作者更好地掌握这两种技能，适应数字媒体时代的需求。

在线学习资源的推广：推广在线学习资源，包括教学视频、教材和实践项目，让更多的人能够灵活学习和提升实时直播与视频编辑技巧。

实时直播与视频编辑作为数字媒体创作的两大重要手段，在当今数字时代扮演着愈发重要的角色。它们不仅提供了即时互动和内容制作的平台，也为创作者提供了展示创意、分享信息的机会。未来，随着技术的发展，实时直播与视频编辑将不断创新，为数字媒体创作者提供更多可能性。因此，学习和精进实时直播与视频编辑技巧，不仅是满足当下需求的需要，更是迎接未来数字创作挑战的必要条件。

三、媒体安全与数据隐私保护

在融媒体时代，媒体安全和数据隐私保护成为社会关注的焦点。随着信息技术的飞速发展，个人和机构在互联网上产生和共享大量敏感信息，使媒体安全和数据隐私面临着严峻的挑战。本节将深入探讨媒体安全和数据隐私的概念，分析其在数字时代的重要性，以及提供一系列解决方案和实用技巧，以确保媒体安全和数据隐私的有效保护。

（一）媒体安全的概念

媒体安全的定义：媒体安全是指在媒体产业中，保护媒体机构、内容创作者和用户免受各种威胁和攻击的一系列措施和实践。这包括保护媒体内容的完整性、可用性，防范网络攻击和信息泄露。

媒体安全的范围：媒体安全的范围涉及到数字平台、网络基础设施、云存储，以及媒体内容本身。保障这些方面的安全，对于确保媒体生态的健康发展至关重要。

（二）媒体安全的重要性

信息流通的基础：媒体安全是信息流通的基础。只有在信息安全的基础上，媒体才能够有效地传递信息，受众才能够信任媒体。

商业稳定和可持续发展：对于商业化的媒体机构而言，媒体安全是商业稳定和可持续发展的基础。客户和广告商需要有信心，才会选择在安全的媒体平台投放广告和支持内容。

（三）数据隐私保护的概念

数据隐私保护的定义：数据隐私保护是一系列技术、法律和伦理手段，旨在确保个人信息在被收集、处理和传输的过程中得到妥善保护，以防止未经授权的访问和滥用。

数据隐私的范围：数据隐私不仅涉及到个人身份信息的保护，还包括了用户行为数据、偏好信息等个人数据的合法使用和保护。在数字时代，数据隐私问题已经成为一个全球性的挑战。

（四）数据隐私保护的重要性

个人权利的保障：数据隐私保护是保障个人权利的基础。每个人都有权决定自己的个人信息如何被使用，而不是被未经授权的机构滥用。

信任和合规要求：在数字时代，用户对于服务提供商和媒体机构的信任建立在数据隐私的基础上。合规于相关法律法规，是企业获取用户信任的前提。

防范数据滥用风险：个人数据的滥用可能导致个人身份信息失窃、金融欺诈等问题。数据隐私保护有助于防范这些风险，保护用户免受潜在威胁。

（五）媒体安全与数据隐私保护的挑战

网络攻击和恶意行为：媒体安全和数据隐私保护面临来自黑客、网络犯罪分子等的不断演变的网络攻击和恶意行为。

技术的快速发展：技术的快速发展也带来了新的挑战，如人工智能和大数据分析等技术的应用，可能加剧对媒体安全和数据隐私的威胁。

（六）媒体安全与数据隐私保护的解决方案

1. 技术手段的强化

加密技术的应用：采用强大的加密技术，确保数据在传输和存储过程中得到有效保护，防止未经授权的访问。

安全协议的实施：采用安全协议，确保在数据传输和交互的过程中，信息不容易被窃取或篡改。

2. 法律和法规的制定和执行

数据隐私法律的建立：各国应建立健全的数据隐私法律，规范数据的合法收集、使用和保护，并对违法行为进行严惩。

法规的有效执行：法规的执行需要有力的监管机构和有效的制裁措施，以确保法规能够有效执行，对违规行为进行惩罚，从而形成威慑力。

3. 用户教育和参与

隐私政策的透明度：媒体机构和服务提供商应当制定透明、易理解的隐私政策，向用户清晰地说明数据收集和使用的目的，以及保障措施。

用户教育与培训：开展有关数据隐私保护的用户教育活动，提高用户对于隐私保护的意识，使其更加谨慎地管理个人信息。

4. 安全技术的研究和创新

安全技术研究机构：支持和投资安全技术的研究机构，以推动安全技术的不断创新和进步，应对新型安全威胁。

多方面的技术合作：促进不同领域的技术合作，共同应对媒体安全和数据隐私的挑战，加强信息共享，提高整体安全水平。

（七）媒体从业者和用户的责任

1. 媒体从业者的责任

严格遵守法规：媒体从业者应遵守相关法规，保护用户隐私，不得擅自收集和滥用用户个人信息。

持续学习与更新：紧跟安全技术的发展，不断学习和更新安全防护知识，提高媒体安全水平。

2. 用户的责任

审慎管理个人信息：用户应审慎管理个人信息，仅在必要情况下提供，了解和关注平台的隐私政策。

使用强密码和多因素认证：采用强密码，并在可能的情况下启用多因素认证，提升账户的安全性。

（八）隐私技术的应用

区块链技术的应用：区块链技术因其去中心化、不可篡改的特性，有望成为保护媒体内容完整性和用户数据安全的有效手段。

同态加密：同态加密等技术的发展，可以在不暴露用户隐私的前提下进行数据处理，为隐私保护提供更为先进的解决方案。

人工智能在安全领域的应用：人工智能将在安全领域扮演更重要的角色，通过智能分析和监测，帮助预防和及时应对安全威胁。

（九）隐私安全的教育与培训

安全培训的普及：推广安全培训，不仅面向媒体从业者，也应面向广大用户，提高整个社会对于媒体安全和数据隐私的认知。

专业认证机构的建立：建立安全领域的专业认证机构，为媒体从业者提供相关培训和认证服务，提高从业者的专业水平。

在数字时代，媒体安全和数据隐私保护是保障社会信息流通、个人权益以及商业可持续发展的关键。媒体机构、技术开发者、用户以及政府部门都需要共同努力，采取综合性的手段，以保护数字媒体环境的安全。未来，随着技术的不断发展和社会的变迁，媒体安全和数据隐私保护将面临更多新的挑战，需要不断创新解决方案，以维护数字社会的安全与稳定。

第三节　社交媒体的运用与危机公关技能

一、社交媒体策略与内容规划

在融媒体时代，社交媒体已经成为企业和个人品牌传播的重要渠道。然而，成功利用社交媒体并不仅仅是发布内容，而是需要有一套完整的社交媒体策略和精心规划的内容。本节将深入研究社交媒体策略的基本原则、内容规划的关键要素以及如何在竞争激烈的数字平台上取得优势。

（一）社交媒体策略的基本原则

1. 明确目标与受众

目标设定：定义明确的社交媒体目标，提高品牌知名度、增加销售、改善客户服务以及建立社群。

受众分析：了解目标受众的特征，包括年龄、地理位置、兴趣爱好等，以更好地针对其需求制定内容。

2. 选择适当的平台

平台分析：了解不同社交媒体平台的特点和用户群体，选择与品牌定位相符的平台。

多平台整合：结合不同平台的优势，实现整体品牌传播的一致性。

3. 建立品牌声誉与认知

内容风格：制定一致的内容风格，让品牌在不同平台上形成独特的声音。

与受众互动：通过回应评论、参与社群活动等方式，建立积极的品牌互动。

4. 危机公关需制定危机管理计划

监测舆情：使用监测工具追踪品牌在社交媒体上的舆情，及时发现负面信息。

危机预案：制定应对负面舆情的危机管理计划，包括公开道歉、及时回应等。

5. 分析数据与调整策略

数据分析工具：使用社交媒体分析工具，了解发布内容的效果、受众反馈等。

策略优化：根据数据分析结果，及时调整社交媒体策略，以提高效果。

（二）内容规划的关键要素

1. 制定内容日历

发布频率：确定适当的发布频率，保持受众对内容的持续关注。

时机选择：在受众在线的高峰时段发布，提高内容曝光率。

2. 多样化内容类型

文本：撰写有趣、引人入胜的文本内容，包括故事、观点分享等。

图片和视频：利用视觉元素提升内容吸引力，制作有创意的图片和视频。

互动性内容：创作投票、问答等互动性内容，增强受众参与感。

3. 品牌故事叙述

故事情节：通过讲述品牌故事，使受众更好地理解品牌背后的价值观和使命。

品牌声音：保持一致的品牌声音，让受众能够在内容中感受到品牌个性。

4. 用户生成内容（UGC）

引导 UGC：鼓励受众分享与品牌相关的内容，例如使用特定的标签、参与挑战活动等。

分享 UGC：在品牌内容中分享用户生成的内容，提高用户参与感和认同感。

5. 关注趋势和话题

时事关注：及时关注社会热点和时事话题，结合品牌特点进行创意性内容创作。

趋势应用：利用社交媒体平台的趋势标签和话题，增加内容曝光度。

（三）在竞争激烈的数字平台上取得优势

1. 创新内容形式

360 度视频：制作 360 度全景视频，增加用户沉浸感。

2. 社交广告的巧妙运用

定向广告：利用社交媒体平台的广告定向功能，精准推送内容给目标受众。

创意广告：设计引人入胜的广告创意，吸引用户点击和互动。

3. 与影响者合作

影响者营销：寻找与品牌价值观相符的影响者进行合作，通过他们的影响力扩大品牌知名度。

合作活动：与影响者合作开展有趣的活动，提高用户参与度。

4. 建立社群

社群参与：建立品牌社交媒体社群，通过精心管理和参与活动，促使用户积极参与和交流。

定期活动：设计各类定期社群活动，如问答、话题讨论、线上活动等，加强社群黏性。

5. 全渠道整合

线上线下整合：将社交媒体与线下活动、实体店面等整合，提供更全面的品牌体验。

跨平台整合：将社交媒体活动与其他数字渠道整合，形成品牌一体化传播。

6. 数据驱动的优化

实时数据监控：利用分析工具对社交媒体数据进行实时监控，及时发现并解决问题。

A/B 测试：运用 A/B 测试方法，对不同策略和内容进行比较，找出最有效的方法。

7. 持续学习与改进

行业趋势：不断关注社交媒体行业的最新趋势和技术，保持对市场的敏感度。

用户反馈：收集用户反馈，借鉴用户意见和建议进行持续改进。

（四）社交媒体策略与内容规划的未来趋势

1. 虚拟现实的应用

虚拟社交：利用虚拟现实技术，打造更真实的社交媒体体验，提供虚拟会议、虚拟商品试穿等功能。

元宇宙概念：将社交媒体发展为更加开放、互动的元宇宙概念，实现更深层次的用户互动。

2. 人工智能的普及

智能内容推荐：利用人工智能算法，根据用户兴趣和行为推送个性化内容，提高用户体验。

虚拟助手：借助人工智能技术，开发更智能、交互更自然的虚拟助手，提供更便捷的服务。

3. 社交购物的融合

直播购物：将社交媒体与电商平台整合，通过直播形式进行产品展示和销售。

社交推荐：利用用户社交关系和数据，实现更智能的商品推荐。

4. 多元化的内容形式

音频内容：利用播客和语音社交媒体平台，开发音频内容，满足用户多元化的消费需求。

短视频内容：短视频形式的内容在社交媒体上的普及，吸引用户更轻松地获取信息。

5. 区块链技术的应用

数字资产：利用区块链技术，实现社交媒体上的数字资产交换，如虚拟商品、数字艺术品等。

去中心化社交：探索去中心化社交媒体平台，保护用户数据隐私，实现更公平、开放的社交环境。

（四）总结

社交媒体策略与内容规划在融媒体时代品牌传播中扮演着至关重要的角色。通过制定明确的社交媒体策略，选择适当的平台，建立品牌声誉，以及不断优化内容规划，品牌可以在竞争激烈的数字平台上取得优势。随着技术的发展和社会需求的变化，未来社交媒体策略和内容规划将继续创新，不断适应新的趋势和挑战，推动融媒体时代品牌传播向更高层次发展。

二、危机传播与公共关系应对

危机传播是企业或组织在面临重大事件、负面信息或突发状况时，通过沟通渠道向各方传递信息的过程。有效的危机传播与公共关系应对不仅可以减轻危机带来的负面影响，还能够保护和增强品牌声誉。本节将深入探讨危机传播的定义、影响因素，以及构建危机公关策略的关键步骤。

（一）危机传播的定义与影响因素

1. 危机传播的定义

危机性质：危机是指任何可能对组织或企业正常运营产生负面影响、威胁其声誉或引起社会关注的事件。

传播特点：危机传播是在危机发生时，组织或企业通过媒体、社交媒体等渠道向各方传递信息，管理外界对危机的感知。

2. 影响因素

传播速度：社交媒体的兴起使得信息传播速度更加迅猛，危机传播的迅速扩散成为可能。

公众情绪：危机事件对公众情绪的影响是不可预测的，而这种情绪会对危机传播产生深远影响。

信息真实性：虚假信息的传播可能加剧危机的严重程度，因此，真实、准确的信息对于危机传播至关重要。

（二）构建危机公关策略的关键步骤

1. 危机预警与识别

监测机制：建立危机预警机制，通过关注舆情、社交媒体、行业动态等方式及时感知潜在的危机。

危机类型：分类危机类型，了解可能面临的危机场景，有针对性地进行预警和识别。

2. 危机评估与分析

风险评估：评估危机对组织或企业的潜在影响和损害，制定不同情境下的风险评估。

利益相关者分析：分析危机可能对哪些利益相关者产生负面影响，了解关键利益相关者的期望与需求。

3. 制定危机公关策略

信息透明：坦诚、及时地传递真实信息，避免隐瞒或误导。

危机沟通团队：设立专业的危机沟通团队，确保危机传播的及时、有效执行。

多渠道传播：制定多渠道的信息传播计划，包括传统媒体、社交媒体、官方网站等。

4. 建立危机传播应对方案

危机预案：制定详细的危机传播预案，包括危机发生时的流程、责任分工、信息发布渠道等。

危机演练：定期组织危机演练，检验危机传播应对方案的实际效果，提高团队的应变能力。

5. 危机传播后续管理

持续沟通：在危机解决过程中保持持续的沟通，向公众和利益相关者传递解决方案和改进计划。

舆情监测：危机过后，继续关注社会舆情，及时调整和优化传播策略。

（三）危机传播与公共关系的成功案例分析

马来西亚航空 MH370 失联事件

危机背景：2014 年，马航 MH370 航班失联，引发全球关注。

应对策略：与家属保持紧密联系，提供翔实信息，定期发布最新进展。

成功经验：在危机传播中体现人性关怀，关注家属情感需求，减轻了舆论对企业的负面影响。

（四）危机传播与公共关系的未来趋势

1. 社交媒体的更广泛应用

实时互动：利用社交媒体平台进行实时互动，了解公众对危机的关切和反馈，及时调整传播策略。

危机监测工具：利用先进的社交媒体监测工具，实时掌握公众的情感和态度，有针对性地开展传播。

2. 个性化沟通策略

用户画像分析：借助大数据分析技术，根据用户画像制定个性化的沟通策略，提高信息的精准度。

情感分析：利用情感分析技术了解公众的情感变化，调整沟通语气和方式。

3. 实践责任传播

社会责任宣言：在危机发生前就树立并实践社会责任，形成企业的社会责任宣言。

透明沟通：在危机发生时，积极向社会传递企业的社会责任理念，通过透明沟通赢得公众认可。

4. 跨界合作与共赢

产业合作：与相关产业形成联合战线，共同应对危机，分享资源和信息。

多方协作：建立与政府、媒体等多方面的协作机制，形成共同应对危机的战略。

5. 危机传播智能化

人工智能辅助决策：利用人工智能技术协助危机传播决策，提供数据支持、情报分析等服务。

机器学习应用：利用机器学习算法对危机传播数据进行分析，提炼有效信息。

（五）小结

危机传播与公共关系应对是企业和组织在复杂多变的社会环境中所面临的重要挑战。通过建设品牌抗逆体系，制定危机公关策略，组织及时有效的危机传播，企业可以在危机中保持稳定、化解负面影响，并在危机后恢复和增强品牌声誉。

关键的危机传播步骤包括危机预警与识别、危机评估与分析、制定危机公关策略、建立危机传播应对方案、危机传播后续管理。通过学习成功的危机传播案例，企业可以汲取经验，更好地应对未来可能面临的危机。

未来，社交媒体的更广泛应用、虚拟与增强现实技术的应用、个性化沟通策略、实践责任传播、跨界合作与共赢，以及危机传播智能化等趋势将对危机传播与公共关系的发展产生深远影响。企业需要密切关注这些趋势，不断调整策略，以适应未来复杂多变的社会环境。卓越的危机传播与公共关系管理不仅是品牌发展的保障，也是企业社会责任的体现。

三、社交媒体数据分析与反馈机制

在融媒体时代，社交媒体已成为企业和个人品牌与用户互动的关键平台。社交媒体数据分析与反馈机制是通过对社交媒体上产生的大量数据进行深入分析，以获取洞察、优化策略，并实时反馈给品牌管理者的过程。本节将深入研究社交媒体数据分析的基本原则、关键技术以及建立有效反馈机制的策略。

（一）社交媒体数据分析的基本原则

1.明确分析目标

定义 KPIs：确定关键绩效指标（KPIs），包括但不限于用户参与度、品牌知名度、转化率等，以明确数据分析的方向。

业务目标对应：将数据分析目标与企业业务目标对应，确保数据分析的结果能够为业务决策提供有效支持。

2. 选择合适的社交媒体平台

平台特征：了解不同社交媒体平台的特点，选择与品牌定位和目标受众相符的平台。

多平台整合：将多个社交媒体平台的数据整合，形成更全面的分析视角。

3. 数据收集与整理

数据源：确保从可靠的数据源收集信息，包括社交媒体平台提供的数据、第三方数据等。

数据清洗：对收集到的数据进行清洗，处理缺失值、异常值等，确保数据质量。

4. 用户画像分析

细分目标受众：通过社交媒体数据分析，细分不同的目标受众群体，了解其特征、兴趣和行为。

个性化营销：基于用户画像，制定个性化的营销策略，提高品牌与用户的互动效果。

5. 趋势分析与预测

过去趋势：分析历史数据，了解过去社交媒体活动的趋势，找出对品牌有益的经验。

未来预测：利用数据分析工具进行趋势预测，预测未来可能的社交媒体发展方向。

（二）社交媒体数据分析的关键技术

1. 文本分析和情感分析

关键词提取：利用自然语言处理技术，从大量文本数据中提取关键词，了解用户关注的热点。

情感分析：通过分析用户在社交媒体上的言论，了解情感倾向，评估品牌声誉和用户满意度。

2. 网络分析

社交网络图：构建社交网络图，分析用户之间的关系，发现关键意见领袖和传播节点。

网络影响力：通过网络分析，评估不同用户的影响力，识别潜在的合作伙伴。

3. 图像和视频分析

图像识别：利用图像识别技术，分析社交媒体上的图像，了解品牌在用户生成内容中的曝光度。

视频内容分析：对用户生成的视频进行内容分析，识别热门话题和潜在合作机会。

4. 实时数据分析

流数据处理：利用实时数据处理技术，对社交媒体上的实时数据进行快速处理，及时获取用户反馈。

实时监控：建立实时监控系统，对品牌在社交媒体上的表现进行及时监测，快速做出反应。

5. 机器学习和预测建模

用户行为预测：利用机器学习算法，分析用户历史行为，预测未来可能的行为趋势。

内容推荐：基于用户画像和行为数据，利用预测建模技术提供个性化的内容推荐。

（三）建立有效的社交媒体反馈机制

1. 实时反馈

即时回应：对用户在社交媒体上的评论、提问等进行即时回应，传递品牌关注用户的信息。

紧急事件处理：针对紧急事件或负面情况，建立迅速响应机制，通过社交媒体迅速发布信息，解决问题。

2. 用户参与与互动

互动活动：定期组织互动活动，提高用户参与度，收集用户反馈。

用户调查：利用社交媒体平台进行用户调查，了解用户需求和期望，指导品牌策略调整。

3. 数据可视化与报告

可视化工具：利用数据可视化工具，将社交媒体数据呈现为直观的图表和报告，使品牌管理者能够更容易理解和分析。

定期报告：建立定期的数据报告机制，总结社交媒体活动的关键指标和趋势，为决策提供及时反馈。

4. 关键绩效指标（KPIs）设定

KPIs 评估：根据品牌目标和业务需求，设定关键绩效指标，如用户参与度、社交分享率、转化率等。

定期评估：定期评估 KPIs 的实际表现，及时发现问题并进行调整。

5. 危机管理和舆情监测

危机感知：利用社交媒体数据分析工具实时监测舆情，及时发现潜在危机。

危机应对：针对发现的危机，建立危机管理机制，通过社交媒体迅速进行危机公关。

6. 用户反馈整理和优化

用户评论整理：对用户在社交媒体上的评论和反馈进行整理和分类。

优化策略：根据用户反馈，优化品牌策略和产品服务，提升用户体验。

7. 竞品分析与市场洞察

竞品监测：利用社交媒体数据分析工具进行竞品监测，了解竞争对手在社交媒体上的表现。

市场趋势：通过分析社交媒体上的行业动态，抓住市场趋势，及时调整品牌战略。

（四）社交媒体数据分析与反馈机制的未来发展趋势

1. 人工智能与自动化

智能决策支持：利用人工智能技术提供更精准的决策支持，帮助品牌管理者更好地理解数据和制定策略。

自动化反馈：建立自动化反馈机制，让系统能够在发现问题时自动进行反馈和调整。

2.区块链技术应用

数据安全性：利用区块链技术确保社交媒体数据的安全性和可信度，提高数据的透明度。

去中心化社交：探索去中心化社交媒体平台，保护用户隐私，降低数据被滥用的风险。

3.个性化推荐的深度学习

深度学习应用：进一步应用深度学习算法，提升个性化推荐的准确性，更好地满足用户需求。

用户画像精细化：通过深度学习技术对用户画像进行更细致地刻画，提供更个性化的服务。

4.社交媒体与电商的深度融合

社交电商平台：进一步融合社交媒体与电商平台，通过数据分析为用户提供更精准的购物推荐。

直播购物：利用社交媒体的直播功能，为用户提供实时的产品展示和购物体验，加强品牌与用户之间的互动。

5.多模态数据分析

整合多元数据：不仅仅局限于文本和图像，而是整合多种模态的数据，包括语音、视频等。

跨足多维度分析：通过多模态数据分析，更全面地理解用户的行为和反馈，提高数据分析的深度和广度。

6.实践可持续发展

社会责任数据分析：将社交媒体数据分析与企业的社会责任结合，推动可持续发展目标的实现。

绿色社交媒体：引导用户形成绿色、健康的社交媒体使用行为，通过数据分析实现环保和社会效益。

（五）小结

社交媒体数据分析与反馈机制在数字时代的品牌建设中扮演着至关重要的角色。通过明确分析目标、选择合适的技术工具、建立实时反馈机制，品牌可以更好地理解用户需求、优化策略，并保持与用户的良好互动。未来，随着人工智能、区块链等技术的不断发展，社交媒体数据分析与反馈机制将呈现更为智能、安全和深度的发展趋势。

品牌管理者需要不断学习和适应新技术，充分利用数据分析为品牌决策提供支持，更好地满足用户需求，提升品牌影响力。同时，建立可持续的社交媒体数据分析与反馈机制，将品牌的发展与社会责任结合起来，实现经济效益和社会效益的双赢。在数字化时代，积极拥抱社交媒体数据分析与反馈机制，将是品牌保持竞争力、持续创新的重要途径。

第四节 创新能力与自我包装

一、创新思维与节目创意开发

在媒介产业竞争激烈的今天，创新思维成为推动节目创意开发的关键因素。无论是电视、网络平台还是流媒体服务，引人入胜的节目创意能够吸引更多观众，提升内容价值。本节将深入研究创新思维在节目创意开发中的应用，探讨成功的案例，并探索未来媒介产业创新的可能方向。

（一）创新思维在节目创意开发中的基本原则

1. 用户体验至上

深度了解受众：通过数据分析和市场调研，深入了解目标受众的兴趣、需求和习惯。

用户参与：制定互动设计，让观众在节目中能够更积极参与，增加用户黏性。

2.跨界融合

领域交叉：将不同领域的元素融合，创造出新颖独特的节目形式，吸引更广泛的受众。

IP整合：利用已有的知名IP（知识产权），进行跨界整合，提高内容的热度和关注度。

3.情感共鸣

打造共情点：通过情感元素，引发观众的情感共鸣，使节目更具有感染力。

个人化体验：创造能够触动个体情感的情节，实现更个性化的用户体验。

4.技术创新

互动式技术：运用互动技术，使观众能够参与到节目中，增加互动性。

5.故事叙事能力

情节设计：突破传统叙事模式，设计出扣人心弦的情节，使故事更有吸引力。

人物塑造：注重人物个性塑造，使角色更富有深度和可信度。

（二）成功案例分析

1.抖音短视频

用户参与：抖音通过简短的视频形式，让用户成为创作者，极大程度提高了用户参与感。

跨界融合：各类创意、音乐、表演在抖音平台上相互融合，形成了丰富多彩的内容生态。

2.HBO电视剧《西部世界》

虚拟现实：《西部世界》运用虚拟现实技术，使观众沉浸在一个充满自由度和互动性的虚拟世界中。

跨界整合：结合西部片和科幻元素，打破传统影视题材的边界，形成独特的影视作品。

(三) 未来媒介产业创新的可能方向

1. 人工智能创作

智能编剧：利用人工智能算法进行创作，生成更符合用户口味的剧本和情节。

智能推荐：通过人工智能分析用户喜好，精准推荐符合个性化口味的内容。

2. 实时生成技术

实时生成音乐：利用实时生成技术，根据场景和情感实时生成适应的背景音乐。

动态剧情生成：根据用户互动和反馈，实时生成动态变化的剧情，增加观众的参与感。

3. 虚拟主播和虚拟演员

虚拟主播互动：利用虚拟主播技术，打破时间和空间限制，并自觉地进行新闻播报，实现与观众更直接地互动，减少主持人带来的播报错误。

虚拟演员应用：将虚拟演员应用于影视制作，创造出更具科幻感和想象力的影片，实现演员未完成的特技片段，开辟新的艺术表达方式。

4. 社交媒体整合

内容社交化：将社交媒体整合到节目中，观众可以通过社交媒体平台与节目进行互动，分享观后感。

虚拟活动：利用社交媒体平台举办虚拟活动，如在线观影会、线上明星见面会，促进用户社交互动。

5. 可持续发展主题

环保题材：制作注重环保、可持续发展的影视作品，引导观众关注社会责任和可持续发展。

社会问题反思：通过剧情反映社会问题，引发观众思考，推动社会进步。

创新思维在节目创意开发中的应用已经成为媒介产业发展的关键驱动

力。通过深入了解观众需求、跨界整合、技术创新、情感共鸣等手段，成功的节目创意能够吸引更广泛的受众，提升内容的深度和广度。

成功案例如抖音短视频以及 HBO 的电视剧《西部世界》等表明，创新思维在各种娱乐形式中都能够发挥作用。未来，随着 5G 技术、人工智能的广泛应用，以及虚拟主播、虚拟演员的发展，媒介产业将迎来更多的创新可能性。同时，将社交媒体整合到节目中，以及关注可持续发展主题，也将是媒介产业未来创新的重要方向。

创新思维与节目创意开发相辅相成，不仅为媒介产业注入新的活力，也为观众提供更具有吸引力和深度的媒介体验。在这个充满机遇和挑战的时代，不断追求创新成为媒介产业不可或缺的发展策略。

二、个人品牌塑造与形象管理

在信息爆炸的时代，个人品牌的塑造和形象管理成为事关职业和社交成功的重要因素。不仅名人和公众人物，普通个体也能通过巧妙的策略打造独特的个人品牌。本节将深入研究个人品牌的概念，分析成功的案例，探讨个人品牌塑造与形象管理的关键策略。

（一）个人品牌的定义与重要性

1. 个人品牌定义

个人品牌是个体在他人心目中的独特形象，是由一系列特质、价值观、经历和行为塑造而成的。个人品牌是一个人在职业和社交场合中的代表，是他人对其的认知和评价。

2. 个人品牌的重要性

职业发展：一个强大的个人品牌能够在职业生涯中产生积极影响，增强职业竞争力，为个体赢得更好的机会。

社交关系：个人品牌有助于建立积极的社交关系，吸引志同道合的人群，形成有力的社交网络。

信任建立：一个一致和真实的个人品牌有助于建立信任，使人们更愿意与其合作、交往。

（二）个人品牌塑造的关键策略

1. 明确个人品牌定位

价值观：确定个人品牌的价值观，明确个体在职业和社交领域的定位。

个性特质：突出个性特质，使个人品牌更具辨识度。

2. 一致性与真实性

一致性：保持在不同场合和平台上的一致性，形成统一的形象。

真实性：避免过分包装，注重展现真实的一面，使个人品牌更加可信赖。

3. 建立个人品牌故事

故事叙述：通过个人经历、成就和挫折，建立一个引人入胜的个人品牌故事。

文化认同：通过故事叙述使品牌故事能够引发观众的文化共鸣，引起观众的文化认同，拉近与观众的距离。

4. 数字化营销与社交媒体

个人网站：建立个人网站，展示个人成就、项目和思考。

社交媒体运营：利用社交媒体平台，分享见解、与粉丝互动，积极参与社交媒体的讨论和话题。

5. 投资个人形象的关键领域

形象管理专业人士：聘请专业形象管理师或公关团队，帮助管理个人形象。

形象投资：投资于形象关键领域，如形象设计、个人形象照片等。

（四）个人品牌形象管理的未来趋势

1. 虚拟现实与增强现实

虚拟形象建构：利用虚拟现实和增强现实技术，建构个人形象的虚拟版本，增加个人形象的立体感和互动性。

虚拟活动参与：参与虚拟活动和虚拟社交，例如线上直播聚会，创造更多线上的互动机会。

2. 个人品牌与社会责任

社会责任融入：将社会责任融入个人品牌建设，关注公益事业，通过善举展现品牌的积极价值。

可持续发展：强调环保、社会公正等主题，与关注社会问题的人群建立联系。

3. 个性化推荐算法

内容个性化：利用个性化推荐算法，向关注者提供更符合其兴趣和需求的内容。

个性化服务：打造个性化的服务和互动体验，提高关注者的黏性。

4. 数字身份安全

数字身份保护：随着数字社交的普及，数字身份安全将成为重要关注点，个人需要关注个人数据的保护和隐私。

数字足迹管理：精心管理在互联网上的数字足迹，防范信息泄露和身份盗用风险。

5. 多元文化包容

文化多元融合：在全球化的趋势下，个人品牌需要更加注重不同文化的融合，打破地域限制，吸引更广泛的受众。

语言多样性：通过多语言的沟通，更好地服务不同语境的观众，增加品牌的国际影响力。

个人品牌塑造与形象管理已经成为现代社会中至关重要的一环。通过明确的定位、一致的形象、真实的表达、数字化的推广以及对关键领域的投资，个人品牌能够在职业和社交领域中取得成功。

个人品牌的建设需要深入思考、精心规划，并且要保持与时俱进，灵活应对社会、科技和文化的变化。未来，虚拟现实技术、社会责任融入、个性化推荐算法等趋势将进一步塑造个人品牌的发展方向。

个人品牌的成功建设不仅关乎个体的职业生涯，也直接影响着社交和人际关系。在信息时代，善用科技手段，注重真实性和社会责任，将是个人品牌塑造与形象管理的核心原则。通过不断学习、创新和适应，每个人都有机会打造一个引人注目、有影响力的个人品牌。

三、主持人的自我营销与赞助合作

在娱乐和商业领域，主持人作为舞台上的灯光焦点，既是信息传递者，又是品牌形象的代言人。自我营销和赞助合作成为主持人事业成功的关键。本节将深入探讨主持人如何通过自我营销策略和赞助合作，巧妙地打破界限、塑造品牌形象，取得事业的成功。

（一）自我营销的基本原则

1. 个人品牌塑造

明确定位：主持人需要明确个人品牌的核心定位，是专业的新闻主播、搞笑幽默的娱乐主持人，还是充满活力的体育节目主持人。

一致性表达：保持在不同场合的一致性，使观众能够清晰地理解和认知主持人的形象。

2. 积极参与社交媒体

建立在线社区：利用社交媒体平台建立与观众的紧密联系，分享幕后生活、专业见解，提升粉丝黏性。

即时互动：通过回应评论、参与话题讨论，增强与粉丝之间的互动性。

3. 精品内容输出

个人网站或博客：建立个人网站或博客，发布专业文章、活动花絮等内容，展示主持人的多面能力。

视频系列：制作个人视频系列，深入挖掘感兴趣的领域，分享专业见解。

4. 品牌一体化传播

一体化形象：在不同平台上一体化传播个人品牌形象，如头像、签名、口号等。

线上线下统一：确保线上和线下的形象一致，提高品牌的可识别度。

(二) 赞助合作的重要性

1. 赞助合作对主持人的益处

资源支持：赞助合作能够为主持人提供更多资源和支持，包括财务支持、品牌推广等。

品牌影响力：与知名品牌合作，提升主持人的品牌影响力，使个人形象更为突出。

2. 构建双赢关系

品牌共鸣：选择与个人品牌有共鸣的合作伙伴，有助于建立真实、持久的品牌关系。

目标一致：保持合作伙伴的目标一致，使合作关系更为牢固。

(三) 赞助合作的实施策略

1. 明确合作目标

共同利益：明确赞助合作的共同目标和利益，确保双方在合作中都能获得实质性的收益。

品牌价值一致：确保合作伙伴的品牌价值和个人品牌的一致性，有助于形成有力的合作。

2. 有效整合品牌元素

品牌整合：将合作伙伴的品牌元素有效地整合到主持人的形象中，使整体形象更为统一和完整。

活动策划：制定与合作伙伴品牌相关的活动，如推广活动、线上线下活动等，加强品牌的曝光度。

3. 精心谈判合同

权益明确：在合同中明确双方的权益和责任，避免在合作中出现不必要的争议。

合作期限：确定合作的期限和终止条件，保持合作的灵活性。

(四)小结

主持人的自我营销与赞助合作是一个动态而复杂的过程,需要主持人具备一系列的策略和技巧。通过明确的个人品牌定位、积极参与社交媒体、精心策划赞助合作,主持人能够在职业生涯中取得更多的成功。

主持人在自我营销中需要展示独特的个性,通过社交媒体平台与观众互动,同时通过与品牌的赞助合作,实现品牌影响力的提升。

未来,随着虚拟现实技术、人工智能和社交媒体的不断发展,主持人的自我营销和赞助合作将呈现更加多样和创新的发展趋势。在这个竞争激烈的时代,主持人需要不断学习,灵活适应新的科技和市场变化,以保持个人品牌的竞争力。通过在自我营销和赞助合作中找到平衡点,主持人将能够在舞台上更加璀璨地绽放,引领潮流,创造持久的品牌影响力。

第三章　播音与主持的职业道德与社会责任

第一节　传统媒体时代的职业操守与社会责任

一、新闻道德与信息准确性

新闻道德与信息准确性一直是新闻行业中最为关键和基础的原则之一。这两个方面的重要性不仅体现在维护媒体信任度和公信力上，更关系到社会的公正性、舆论的引导以及公众的知情权。本节将深入探讨新闻道德的内涵和信息准确性的要求，以及这两者在新闻报道中的相互关系。

（一）新闻道德的内涵

1. 定义和基本原则

新闻道德是指在新闻从业过程中，媒体从业人员应当遵循的伦理规范和行为准则。它不仅仅关注新闻的真实性，还包括对社会的责任和对受众的尊重。新闻道德的基本原则通常包括真实性、公正性、独立性、公共利益优先等。

2. 真实性的要求

真实性是新闻报道的根本要求。新闻媒体应当提供真实、准确、客观的信息，确保报道内容与实际情况相符。这涉及到采访、报道和编辑等环节，需要主持人不断努力确保最后所播报的信息是真实可信的。

3. 公正性的追求

公正性是新闻报道中的另一个关键原则。它要求媒体在报道中避免歧视、偏见，对待不同观点、群体和事件应该持中立立场。公正性的实现涉及到采访、编写和编辑等多个环节。

4. 公共利益的优先

新闻报道应当以公共利益为导向，确保信息的传递符合社会的整体利益。这就要求媒体在选择新闻时要考虑社会的需要，不仅关注热点事件，还要报道那些对社会有深远影响的重要事件。

(二) 信息准确性的要求

1. 新闻事实的准确性

信息准确性是新闻报道的基础。无论是新闻事件的发生过程，还是相关事实的描述，都要求媒体提供真实、翔实、准确的信息。这需要主持人在采访过程中对事实进行深入调查，确保报道中的信息真实可信。

2. 数据和统计的准确性

新闻报道中经常涉及到数据和统计，这就对媒体提出了更高的准确性要求。错误的数据可能导致对事件的误解，因此媒体在使用数据时需要审慎，确保其来源可靠、计算方法正确，并准确地反映了所要传达的信息。

3. 引用和引述的准确性

在报道中，引用和引述他人的言论是常见的手段。然而，为了保持信息的准确性，媒体在这方面也要求谨慎。主持人应当确保引用的内容准确无误，不歪曲原意。

4. 时间顺序和事件发展的准确性

对于发生在一段时间内的事件，媒体在报道中需要按照事实发展的时间顺序进行叙述。这样可以确保读者或观众对事件的理解是连贯而准确的。如果时间线混乱，可能导致对事件的误解。

（三）新闻道德与信息准确性的互动关系

1. 道德对信息准确性的促进

新闻道德对于信息准确性的实现起到了推动作用。在播报过程中，主持人在遵循新闻道德的前提下，进行最后的把关，避免对信息的歪曲。

2. 信息准确性对道德的要求

信息准确性要求媒体在报道中提供真实、客观、准确的信息，这就要求主持人在播报中遵循新闻道德的规范。虚构或夸大事实都违背了新闻媒体的职业操守。

3. 共同推动社会进步

新闻道德和信息准确性的互动关系共同推动着社会的进步。一个道德规范完备、信息准确的媒体能够更好地引导公众舆论，推动社会公正、透明发展。

（四）新闻行业中的挑战与应对

1. 假新闻和失实信息的挑战

当前社交媒体的普及使得信息传播更加迅速，然而也衍生出假新闻和失实信息的传播，需要媒介工作者进行层层把关的同时，不实信息也给新闻行业带来了挑战。

2. 社交媒体与信息失真

社交媒体的崛起为信息传播提供了新的平台，但也带来了信息失真的挑战。在社交媒体上，信息传播更为迅速，但同时也更容易受到个人情感色彩的影响，从而影响信息的准确性。媒体从业者需要更加谨慎地筛选和验证社交媒体上的信息，以确保报道的准确性。

3. 时间压力与报道质量的平衡

在快速发展的新闻环境中，主持人面临着时间的巨大压力。然而，时间压力可能导致在播报过程中疏漏细节，影响报道传播的准确性。因此，媒体从业者需要在保持报道速度的同时，确保对事实的准确把握，不随意发布未经证实的信息。

（五）应对措施和建议

1. 强化新闻从业者的伦理教育

为了提高新闻从业者的伦理素养，媒体机构应加强对新闻从业者的伦理教育。通过培训和讲座等形式，使主持人深刻理解新闻道德的重要性，确保他们在新闻报道中始终遵循伦理规范。

2. 提高新闻主持的专业水平

新闻主持在新闻报道中扮演着至关重要的角色，他们需要对信息进行最后的仔细核查和编辑，确保报道的准确性。因此，提高新闻主持的专业水平，包括数据分析、事实核查等技能的培训，对于保证报道的准确性至关重要。

3. 制定更为严格的自律规范

媒体机构应当建立更为严格的自律规范，规范新闻报道的流程和标准。这包括对采访、编辑、发布等环节的详细规定，确保新闻播音主持从业者在各个环节都能够遵循规范，保证报道的准确性和客观性。

4. 借助技术手段提高信息核实能力

借助现代科技手段，如人工智能、大数据分析等技术，可以提高新闻主持人对信息的核实能力。这些技术可以帮助快速识别假新闻、辅助主持人和核查信息的真实性，从而提高报道的准确性。

5. 推动行业自律和监督

新闻从业者应当积极推动自律机制的建设，加强行业监督。建立独立的新闻监察组织，对新闻报道进行监督和评估，对不符合伦理和准确性要求的报道进行纠正和处罚，以推动整个行业的良性发展。

新闻道德与信息准确性是新闻行业的两个基石，它们共同构建了一个公正、客观、可信的新闻环境。在信息爆炸的时代，媒体从业者需要更加强化自身的伦理素养，不断提高信息核实和处理的能力。只有在新闻从业者秉持道德规范、确保信息准确性的基础上，新闻行业才能继续为社会提供有价值、有深度的信息服务，主持人以播报正确的新闻，为社会带来正面影响。同时，社会各界也应当共同关注并支持媒体的伦理建设，推动整个新闻行业朝着更为健康、透明的方向发展。

二、公共利益与新闻报道

新闻报道作为信息传递的重要渠道，其最终目的不仅仅是为了满足受众的好奇心，更是为了服务公众，维护社会的公共利益。在一个信息爆炸的时代，媒体在选择、编辑和传播信息的过程中，需要时刻牢记社会公共利益的导向。本节将深入探讨公共利益与新闻报道之间的关系，分析在新闻报道中如何更好地服务公众利益。

（一）公共利益的内涵

1. 定义

公共利益是指与公众整体福祉、安全和正义直接相关的利益。它超越了个体或特定群体的利益，强调的是整个社会的福祉和发展。

2. 公共利益的体现

社会公正和平等：公共利益体现在推动社会公正和平等的过程中。新闻报道应当关注社会中的不平等现象，发声弱势群体的诉求，促使社会更加平等公正。

公众安全：公共利益还包括对公众安全的关切。新闻媒体应当及时准确地报道与公众安全相关的信息，帮助公众预防潜在的危险。

社会和谐与稳定：公共利益的体现还表现在对社会和谐与稳定的追求上。新闻报道应当避免渲染社会矛盾，促进社会和谐的发展。

（二）新闻报道与公共利益的关系

1. 信息传递的责任

新闻媒体作为信息传递的主体，其首要责任是向公众提供准确、全面、及时的信息。这就需要媒体在选择新闻时，考虑到信息对公众的影响，确保所传递的信息符合公共利益的导向。

2.揭示社会问题

新闻报道的一个重要功能是揭示社会问题，引起公众关注，推动社会进步。报道社会不公、腐败、环境问题等，有助于引起社会对问题的重视，促进问题的解决。

3.关注弱势群体

弱势群体往往容易被社会边缘化，而新闻媒体有责任给予他们关注。通过深入报道弱势群体的生存状况、诉求和需求，可以引起社会的同情和关切，推动政府和社会对其问题的关注和改善。

（三）新闻报道中的公共利益保障机制

1.编辑和报道的伦理规范

媒体机构需要建立完善的编辑和报道的伦理规范。这些规范应当明确规定新闻主持人在新闻报道中需要遵循的准则，包括真实性、客观性、公正性等，以保障公共利益。

2.维护媒体独立性

媒体的独立性是保障公共利益的关键。独立的媒体能够不受任何倾向的干扰，更好地履行对社会的监督责任，确保信息的真实性和客观性。

3.读者反馈机制

建立有效的读者反馈机制是维护公共利益的一种方式。通过听取读者的意见和建议，媒体可以更好地了解公众的需求和关切，及时纠正报道中的错误，提高信息的准确性和质量。

4.社会责任报告

一些媒体机构推行社会责任报告，公开展示其在维护公共利益方面的努力和成果。这种透明的做法有助于建立媒体的公信力，提高公众对媒体的信任感。

（四）面临的挑战

1.消息过度商业化

一些媒体为了吸引眼球，迎合受众口味，可能在报道中追求轰动性、煽情性，而忽视了对公共利益的关注。因此，如何在商业化的压力下保持对公共利益的关注是亟待解决的问题。

2. 信息泛滥与真伪难辨

在数字化时代，信息的快速传播和泛滥，使得真伪难辨。假新闻和谣言的传播可能对公共利益造成损害。新闻媒体需要加强事实核查和真实性验证，以防止虚假信息对公共利益的不良影响。同时，培养公众对于新闻信任的意识，提高辨别信息真伪的能力也是必要的。

3. 多元文化社会的挑战

在多元文化社会中，新闻媒体需要更加敏感地关注不同文化、群体的需求。同时，要防止报道中的刻板印象和歧视，促进社会的包容性和平等。

（五）未来展望

未来，新闻报道与公共利益的关系将面临更为复杂的挑战，但也有更多的机遇。以下是一些未来的展望：

1. 新闻报道的精准数据驱动

随着大数据和人工智能技术的发展，新闻报道将更加依赖数据的分析和挖掘。这有助于更好地了解公众需求，精准地进行报道，服务公共利益。

2. 全球化视野的新闻报道

全球化使得新闻报道的影响超越国界，新闻媒体需要更加关注全球性问题，促进国际社会的合作，维护全人类的共同利益。

3. 新闻教育的重要性

加强新闻从业者的伦理教育和专业培训，培养具备公共利益导向的记者和编辑，是未来的重要方向。只有具备良好的职业道德和专业素养的从业者，才能更好地履行维护公共利益的责任。

4. 媒体与公众的互动

借助数字化技术，媒体可以更加直接地与公众互动。通过读者评论、社交媒体平台等，媒体可以及时获取公众的反馈，了解公众的需求，从而更好地服务公共利益。

在新闻报道与公共利益的交汇点，媒体既是信息传递的平台，也是社会的监督者和引导者。保障公共利益需要媒体坚守真实、客观、独立的原则，关注社会问题，倡导公正和平等。面对未来的挑战，新闻媒体需要不断创新，善于运用新技术，强化编辑和报道的伦理规范，推动媒体行业朝着更加公正、透明、服务社会公众利益的方向发展。只有如此，新闻报道才能更好地成为公共利益的守护者和推动者。

三、主持人的中立与公正原则

主持人在传播过程中扮演着桥梁和引导者的角色，其中立与公正的原则至关重要。这不仅关系到传媒行业的职业操守，更关系到公众对信息的信任和理解。本节将深入研究主持人的中立与公正原则，探讨其内涵、重要性，以及在不同背景下的实际应用。

（一）中立与公正的定义与内涵

1. 中立的定义

中立是指主持人在主持过程中保持无偏见、不偏不倚的态度。中立意味着主持人不被个人情感、政治观点或其他偏见左右，而是秉持公正、客观的立场。

2. 公正的内涵

公正强调的是对各方利益的平等关照，不偏袒任何一方。在主持过程中，公正要求主持人在信息传递和讨论中保持公平，不给予任何一方更多的优势或劣势。

3. 中立与公正的关系

中立和公正是相辅相成的概念。中立是在态度上的公正，即不对任何一方表现出偏爱或偏袒；而公正则更侧重于对待各方的平等对待，尽可能地确保在信息传递中不带有主观倾向。

（二）中立与公正在主持人工作中的重要性

1. 信任的基础

中立与公正是建立在信任基础之上的。如果观众和听众认为主持人有倾向性，他们就可能对信息产生怀疑，进而对主持人失去信任。因此，中立与公正是媒体赢得观众信任的关键。

2. 社会和谐的维护

主持人在社会舞台上的言行举止会对社会产生深远的影响。如果主持人在主持过程中表现出偏见或偏向某一方，容易引起社会矛盾，损害社会和谐。中立与公正有助于维护社会的和谐稳定。

3. 媒体的公共责任

作为信息传递的媒介，媒体有着公共责任需要为公众提供客观、真实、全面的信息。中立与公正是媒体履行公共责任的必备条件，确保信息的传递不受主观色彩的干扰。

4. 舆论引导的科学性

中立与公正对于舆论引导的科学性至关重要。在涉及社会问题或争议性事件的报道中，主持人应当保持冷静客观的态度，以科学的方式引导舆论，而非被个人观点左右。

（三）中立与公正的实际应用

1. 采访和报道中的中立

在采访和报道中，主持人需要确保对所有相关方给予平等机会，不偏袒任何一方。采访问题的提问应当具有客观性和中立性，不传递个人观点或偏见。

2. 辩论节目的主持

在辩论节目中，主持人应当扮演中立的裁判角色，确保辩论的公正进行。主持人要善于平衡辩论的力度，防止某一方过度占据话语权。

3. 紧急事件报道中的公正

在紧急事件报道中，主持人需要迅速而冷静地传递信息，确保观众得到及时准确的消息。同时，避免在紧急事件中加入个人情感色彩，以免误导观众。

4. 社交媒体上的中立

社交媒体上的主持人，尤其是自媒体人，需要更加注意中立与公正的原则。在发布评论或转发信息时，要审慎对待，避免个人情感左右言论，确保言行符合中立与公正的要求。

（四）挑战与应对策略

1. 舆论压力与抵御

社会舆论对主持人的言论有一定的影响，可能受到一些观点的压力。主持人需要有足够的专业素养和道德勇气，抵御舆论压力，坚持中立与公正的原则。

2. 个人情感的管理

主持人在面对个人情感话题时，会影响到中立与公正的表现。因此，主持人需要学会个人情感管理，避免将个人情感过多融入到主持工作中。

3. 培训与自我提升

为了更好地应对中立与公正的挑战，主持人需要接受相关的培训，提升自身的专业水平和职业素养。通过学习媒体伦理、采访技巧等知识，主持人可以更好地理解和应用中立与公正的原则。

4. 媒体机构的支持与保障

媒体机构在保障主持人中立与公正的原则方面起着重要作用。机构应当制定明确的职业伦理规范，建立完善的监督机制，对主持人进行必要的培训和辅导，以确保他们能够始终坚守中立和公正的原则。

（五）期待与展望

1. 技术的应用与创新

随着技术的发展，新媒体平台的兴起，主持人在信息传递中将面临更多的挑战和机遇。主持人可以借助新技术，通过数据分析、人工智能等手段更好地理解受众需求，提供更贴近公众利益的信息。

2.媒体行业的自律机制

未来,媒体行业需要建立更为健全的自律机制,强化对主持人中立与公正的要求。通过加强行业自律,媒体可以更好地履行公共责任,维护社会和谐与稳定。

主持人作为信息传递的关键角色,在承担这一角色的过程中需要坚守中立与公正的原则。这不仅是对媒体职业操守的要求,更是对社会公共利益的维护。在信息传递的过程中,主持人需要不断提升自身的素养,应对各种挑战,确保在任何情况下都能够保持中立、公正、客观的态度,为观众提供真实、全面、公正的信息服务。只有在主持人秉持中立与公正原则的基础上,媒体行业才能够在信息时代充分发挥其积极作用,为社会的进步和发展做出更大的贡献。

第二节 融媒体时代的伦理挑战

一、虚假信息传播与伦理责任

虚假信息的传播在数字时代成为一个严重的社会问题,对个体、社会和民主制度都带来了深远的影响。媒体、社交媒体和其他信息传播平台的迅速发展为虚假信息的传播提供了更广泛的渠道,使其更容易蔓延。在这一背景下,媒体从业者、社交媒体平台和公众都应坚守道德和伦理责任,需要共同防范虚假信息的传播。本节将深入研究虚假信息传播的现状、影响,以及媒体从业者、社交媒体平台及公众的伦理责任。

(一)虚假信息传播的现状与影响

1.虚假信息的定义

虚假信息是指在内容上缺乏真实性的信息,可能是无意的误导,也可能是故意的误导,以达到某种目的,如吸引眼球、制造舆论或实现个人或组织的利益。

2. 传播渠道的多样性

虚假信息的传播不再局限于传统媒体，社交媒体平台、视频分享平台等新兴媒介成为虚假信息的新传播渠道。渠道多样性使虚假信息更容易传播到全球范围中。

3. 对个体和社会的影响

个体：被虚假信息误导的个体可能做出错误的决策，对自身利益产生负面影响，例如在主持人播报虚假新闻时的误导可能导致观众不正确的选择。

社会：大规模的虚假信息传播可能导致社会恐慌、不安定，甚至引发社会动荡。

4. 舆论形成与公共信任的破坏

虚假信息的传播对舆论的形成产生深刻的影响，可能导致公众对媒体和信息来源的信任下降，破坏了媒体的公信力。

（二）媒体从业者的伦理责任

1. 事实核实与报道准确性

媒体从业者在报道中有责任进行事实核实，确保所传递的信息是准确的。采用可靠的信息来源、验证数据的真实性是维护新闻报道准确性的基本伦理责任。

2. 避免点击驱动的新闻报道

一些媒体在选择新闻时可能更偏向于以点击率为导向，而不是以报道的真实性和社会价值为导向。媒体从业者有责任避免点击驱动的新闻报道，注重报道的质量而非数量。

3. 提供多方观点

为了减少信息的片面性，媒体从业者有责任提供多方观点。在报道争议性话题时，要全面呈现各方观点，让受众有机会形成更为全面的认知。

4. 增加信息素养教育

媒体从业者可以通过增加信息素养教育的力度，提高受众对虚假信息的识别能力。这包括教育受众如何分辨可信的信息源，判断信息的真实性。

（三）社交媒体平台的伦理责任

1. 强化内容审核机制

社交媒体平台应加强对用户发布内容的审核机制，通过采用人工智能技术、专业审核团队等手段，及时识别和移除虚假信息。

2. 限制虚假信息传播

社交媒体平台可以通过限制虚假信息的传播途径，例如降低其在用户中的显示频率，减缓信息传播速度，以减少虚假信息对大众产生的潜在影响。

3. 合作与透明度

社交媒体平台需要加强与事实核实机构、新闻媒体等的合作，共同应对虚假信息的传播。同时，平台应提高透明度，向用户公开虚假信息的处理流程和标准。

4. 用户教育与警示

社交媒体平台有责任向用户提供关于虚假信息的教育，提高用户的信息素养。同时，通过标记或弹窗等方式，警示用户可能遇到的虚假信息，让用户更警觉地对待信息。

（四）公众的伦理责任

1. 批判性思维与信息辨识能力

公众应当培养批判性思维，提高对信息的辨识能力。了解虚假信息的常见特征，学会验证信息来源和真实性，可以帮助公众更好地辨别虚假信息。

2. 多元化信息获取渠道

依赖单一信息源容易受到信息的偏颇影响。公众有责任通过多元化的信息获取渠道，获取来自不同角度的信息，形成更全面、客观的认知。

3. 不盲目传播与分享

在社交媒体上，公众不应盲目传播和分享信息，特别是未经核实的信息。在面对争议性话题时，应保持冷静，慎重对待信息的传播，以防止虚假信息的进一步扩散。

4. 举报虚假信息

公众发现虚假信息时，应当积极参与举报工作，向社交媒体平台、相关机构或媒体报料渠道报告虚假信息，共同维护信息的可信度。

（五）虚假信息传播的挑战与应对

1. 加强虚假信息传播监管

未来，社会需要强化法规和监管机制，对于虚假信息传播行为进行有效的打击和惩罚。加强对社交媒体平台的监管，推动其更加积极主动地防范虚假信息。

2. 创新技术与人工智能应用

借助创新技术，特别是人工智能的应用，可以更加高效地识别和处理虚假信息。未来的发展方向之一是通过技术手段提升虚假信息的识别和清理效率。

3. 社会共治与合作

解决虚假信息问题需要社会的共同努力。政府、企业、媒体、公众等各方应加强合作，形成社会共治的格局，共同应对虚假信息的传播挑战。

虚假信息的传播对个体、社会和媒体生态造成了极大的威胁。媒体从业者、社交媒体平台、公众都应当肩负起伦理责任，采取有效措施防范虚假信息的传播。通过加强事实核实、提高信息素养、强化监管等手段，我们可以共同构建一个更加可信赖的信息传播环境，确保信息的准确性和公正性，维护公众的知情权益，促进社会的良性发展。只有通过多方共同努力，我们才能更好地迎接数字时代信息传播的伦理责任挑战。

二、隐私权与数据保护

在数字时代，信息和数据的快速增长以及科技的迅猛发展给隐私权和数据保护带来了新的挑战。个人信息的收集、存储和利用不仅成为商业和社会发展的推动力，也引发了对个人隐私权和数据安全的关切。本节将深入探讨隐私权与数据保护的概念、现状、伦理原则以及应对措施。

（一）隐私权与数据保护的概念

1. 隐私权的定义

隐私权是指个人对于其个人信息及其使用的合法权益的保护。隐私权涉及到个体对于个人生活、个人空间、个人通信等方面的自由和不受干扰的权利。

2. 数据保护的含义

数据保护是一种制度和技术手段，旨在保护个人数据免受未经授权的访问、使用和泄露。它包括对数据的收集、存储、处理和传输进行规范和保障，以确保数据的隐私性和安全性。

3. 隐私权与数据保护的关系

隐私权是一个更为宽泛的概念，强调的是对个人生活的保护，而数据保护则更专注于对个人数据的安全和隐私的保护。二者相辅相成，在数字化的环境中，个人信息的隐私保护也就成为隐私权和数据保护的交汇点。

（二）隐私权与数据保护的现状

1. 大数据时代的挑战

大数据的应用带来了更加广泛和深入的个人信息搜集。大数据分析可以从庞大的数据集中提取有关个体行为和特征的信息，这为商业和政府提供了更精准的决策和服务，但也引发了对个人隐私的担忧。

2. 个人数据泄露与滥用

个人数据泄露已成为一种常见的网络犯罪，黑客攻击、数据泄露事件频频发生。泄露的个人数据可能被用于欺诈、身份盗窃等违法活动，对个人和社会造成了严重威胁。

3. 国际差异与法律体系

不同国家对于隐私权和数据保护的法律体系存在较大差异。欧盟《通用数据保护条例》(GDPR)等法规对于个人数据的处理和保护提出了更为严格的规定,而在一些国家,法规相对较为宽松。

(三)隐私权与数据保护的伦理原则

1. 透明原则

个人数据的收集和使用应当是透明的,个体应该清楚地了解何时、为何以及如何他们的信息被收集和使用。

2. 合法合规原则

数据的收集和处理应当遵循法律法规,并且需要经过个体的合法授权。个体的数据不能被非法或未经授权地收集和使用。

3. 最小干扰原则

数据处理应当遵循最小干扰原则,即只收集和使用达到特定目的所必需的信息,而不得收集不必要的或与目的无关的信息。

4. 安全保障原则

个人数据应当得到合理的安全保障,以防止数据的泄露、损坏或被未经授权的访问。

5. 责任与问责原则

数据处理者应当对其数据处理活动负责,并对数据的安全和隐私承担相应的法律责任。当发生数据泄露等问题时,应当能够追究相关责任。

(四)应对隐私权与数据保护的措施

1. 加强隐私数据监管

政府需要建立健全的法规体系,强化对个人信息的保护。同时,要加强对相关企业和组织的监管,确保其遵循隐私权和数据保护的法律法规。

2. 加强技术手段与安全保障

在技术上,需要加强数据加密、访问控制、身份验证等手段,以确保个人数据的安全。新兴技术如区块链等也可以应用于数据的安全和去中心化管理。

3. 提升公众隐私意识

公众需要提高隐私保护意识，了解个人信息的价值，学会如何保护自己的隐私。教育和宣传活动可以在学校、社区、企业等多个层面展开，以提升公众对隐私权和数据保护的认知。

4. 推动企业自律

企业作为数据处理的主体，应当自觉遵守伦理原则，制定和执行隐私权和数据保护的政策。建立独立的隐私保护团队，负责监督和管理数据处理活动。

5. 国际合作与标准制定

隐私权和数据保护是全球性问题，国际社会需要加强合作，制定一致的标准和规范。通过国际协作，可以更好地对跨境数据流动和国际性的隐私进行管理。

（五）隐私数据保护的发展方向

1. 个体数据主权的强调

未来，个体对于自己的数据应有更大的主权，包括对数据的控制、访问权和使用权。新兴技术的发展可能带来更加个性化、去中心化的数据管理模式，加强了对个体数据主权的保护。

2. 区块链技术的隐私数据保护应用

区块链技术的应用有望改变数据存储和传输的方式，提供更加安全、去中心化的数据管理方案。这可能成为未来隐私权和数据保护的一项重要技术手段。

3. 强化跨国合作

面对全球性的数字化挑战，国际社会需要更紧密的合作机制，共同应对数据隐私和保护的问题。共同制定规范、分享最佳实践，形成全球性的数据保护标准是未来的发展趋势。

隐私权与数据保护是数字时代面临的重要伦理问题，涉及到个体权益、社会稳定和全球治理。在数字技术不断发展的背景下，我们需要更加关注个体隐私权的保护，建立健全的法规和监管机制，推动技术手段的创新，提升公众和企业的隐私保护意识。只有通过法规制度、技术手段、企业自律和公众参与的多方合作，才能实现隐私权与数据保护的有效平衡，确保数字社会的可持续健康发展。

第三节 社交融媒体时代的公共形象管理

一、社交媒体形象与品牌建设

在数字时代，社交媒体成为企业品牌建设的重要渠道。通过社交媒体，企业能够与目标受众直接互动，塑造品牌形象，提升品牌价值。本节将深入研究社交媒体形象与品牌建设的概念、重要性，探讨数字时代企业在社交媒体上建设品牌的策略与挑战，并提出未来的发展方向。

（一）社交媒体形象的概念与特征

1.社交媒体形象的定义

社交媒体形象是指企业或个人在社交媒体平台上通过内容、互动等方式呈现的形象。它反映了企业的文化、价值观，是企业在数字社交空间中的虚拟表达。

2.社交媒体形象的特征

可视性：社交媒体形象更加注重图文并茂的展示，通过图片、视频等形式呈现品牌形象，吸引用户眼球。

互动性：社交媒体强调双向互动，用户不仅接受信息，还能参与评论、分享，形成品牌与用户之间的互动关系。

实时性：社交媒体的信息传播速度快，因此形象的塑造需要更加注重即时性，及时回应用户关切，保持与用户的实时连接。

（二）品牌建设在社交媒体上的重要性

1. 品牌建设的核心价值

信任与认同：通过社交媒体，企业可以通过分享自身的故事、价值观，建立与用户之间的信任关系，提升用户对品牌的认同感。

知名度与曝光：社交媒体是信息传播的重要平台，通过精心的品牌建设，可以在社交媒体上提升品牌的知名度和曝光率。

用户参与与忠诚度：社交媒体上的互动性使用户更容易参与到品牌建设中，培养用户的忠诚度，形成用户与品牌的深层次连接。

（2）社交媒体与品牌建设的互动机制

内容创作：通过发布有趣、有深度的内容，企业能够吸引用户的注意力，传递品牌信息，引发用户的共鸣。

用户互动：回应用户评论、提问，积极参与用户讨论，建立真实而亲近的企业形象，增强用户对品牌的好感度。

活动策划：在社交媒体上策划线上线下的活动，促使用户参与，提升品牌的社交影响力。

（三）数字时代企业在社交媒体上建设品牌的策略

1. 强调故事性营销

通过在社交媒体上讲述企业的故事，突显品牌的独特性和人性化，引发用户共鸣，增加用户对品牌的好感。

2. 利用 UGC（用户生成内容）

鼓励用户在社交媒体上分享与品牌相关的内容，通过用户的视角展示品牌的吸引力，提升用户参与感和品牌认同感。

3. 注重视觉传播

在社交媒体上，视觉内容更易引起用户的关注。通过精美的图片、创意的视频等形式，展现品牌的形象，强化品牌在用户心中的印象。

4. 跨平台整合营销

整合多个社交媒体平台，确保品牌形象在不同平台上的一致性，形成统一的品牌形象，提升品牌的整体认知度。

（四）数字时代社交媒体品牌建设面临的挑战

1. 舆情风险与危机管理

社交媒体传播速度快，一些负面信息可能在短时间内扩散，对品牌形象造成影响。因此，企业需要做好危机管理，及时应对舆情风险。

2. 用户关注度的竞争

用户在社交媒体上的关注度有限，品牌需要与其他信息竞争，因此，建设引人注目的内容，以保持用户的持续关注，增强品牌的存在感。

3. 隐私与数据安全问题

社交媒体平台上的隐私问题和数据泄露风险越发引起关注。品牌需要谨慎处理用户数据，确保符合隐私法规，建立用户信任。

4. 管理多元化观点与文化差异

社交媒体是全球性的平台，品牌在不同文化和社会背景中面对多元的观点和价值体系。有效管理这种多元性，避免因文化差异而引发的负面影响是一个挑战。

（五）品牌建设的制定方向

1. 强调社交媒体上的品牌责任

未来，品牌在社交媒体上的发展将更加强调社会责任。品牌需要通过社交媒体传递积极向上的信息，参与社会问题的解决，体现品牌的社会责任感。

2. 深化社交媒体与电商的融合

社交媒体和电商的融合将更为深化，品牌将更加注重社交媒体上的营销策略，通过社交媒体直接引流，实现销售转化。

3. 加强科学技术应用

随着人工智能技术的发展，品牌在社交媒体上的互动将更加个性化和智能化。品牌可以通过人工智能技术提供更为个性化的服务和推荐，增强用户体验。

在数字时代,社交媒体形象与品牌建设已经成为企业成功的关键因素之一。通过巧妙利用社交媒体的特性,品牌可以更贴近用户,更灵活地传递信息,建立更为强大的品牌形象。然而,也需要品牌在社交媒体上面对各种挑战,包括危机管理、隐私安全、文化差异等问题。未来,品牌需要不断创新,结合新技术和用户需求,更好地在社交媒体上建设品牌,提升用户体验,实现可持续的品牌发展。

二、舆情危机与声誉修复

在数字化时代,企业和个人面临着舆情危机的潜在威胁。由于信息传播的速度和范围不断扩大,一旦出现负面事件,可能在短时间内引发公众的广泛关注,对声誉产生严重影响。本节将深入研究舆情危机的概念、成因以及对声誉的影响,重点探讨声誉修复的策略和方法,并提出未来在数字时代应对舆情危机的建议。

(一)舆情危机的概念与成因

1. 舆情危机的定义

舆情危机是指由于某种原因,组织、企业或个人在公众媒体中突然遭受负面报道,导致公众对其产生负面认知和评价的一系列事件。舆情危机可能源于内部问题,也可能受到外部因素的影响,是声誉受损的紧急事件。

2. 舆情危机的成因

管理失误:企业内部管理层的失误可能导致诸如产品缺陷、服务不善等问题,引发公众不满,形成危机。

社交媒体传播:社交媒体的兴起使得信息传播更加迅速,一些负面事件可能在短时间内在网络上扩散,形成舆情危机。

(二)舆情危机对声誉的影响

1. 声誉受损的后果

信任度降低:舆情危机会导致公众对企业或个人的信任度降低,对其产生怀疑和负面印象。

市场份额下降：消费者在面对舆情危机后可能减少购买行为，导致市场份额的下降。

员工士气低落：企业内部的员工可能受到负面舆情的影响，士气降低，工作积极性下降。

2.舆情危机对声誉修复的挑战

信息传播速度快：在数字时代，信息传播速度极快，舆情危机迅速扩散，使得声誉修复需要更快速、更敏捷地反应。

公众关注度高：舆情危机往往引起广泛的公众关注，公众的观点和态度对声誉修复至关重要。

社交媒体的复杂性：社交媒体平台的复杂性使得舆情危机更加难以应对，需要综合运用多种手段进行声誉修复。

（三）声誉修复的策略和方法

1.及时而透明的沟通

在舆情危机发生后，及时而透明的沟通是修复声誉的首要任务。企业或个人应当积极公开信息，解释事实真相，以赢得公众的信任。

2.真诚的道歉与负责任的态度

若危机是由于内部问题引发的，企业或个人应当真诚道歉，并展现负责任的态度。公众通常更愿意支持那些能够正视错误并采取措施改正的组织。

3.提供有效解决方案

在面对危机时，提供有效解决方案是恢复声誉的重要一环。企业需要展现出解决问题的决心和能力，以回应公众的关切。

4.预备危机管理计划

在数字时代，危机可能随时发生，因此制定完善的危机管理计划是必要的。该计划应包括信息公开、媒体应对、社交媒体管理等方面的策略。

5. 利用正面信息和故事

在声誉修复过程中，积极利用正面信息和成功故事是重要的。通过传播正面信息，企业或个人可以改善公众对其的看法，强调积极的一面，以促使公众重新关注和理解。

（四）数字时代应对舆情危机的建议

1. 利用社交媒体积极主动沟通

社交媒体是舆情危机扩散的平台，也是修复声誉的关键通道。企业或个人应当积极主动地利用社交媒体进行信息发布、解释和沟通，及时回应公众关切。

2. 建立危机应对团队

在数字时代，危机处理需要高效的团队协作。建立专门的危机应对团队，包括公关专业人员、法务顾问、社交媒体专家等，以迅速而有力地应对危机。

3. 监测舆情并制定预警机制

通过舆情监测工具，企业或个人可以实时了解舆情动态，识别潜在的负面信息。建立预警机制，使得在危机发生之前就能够做好应对准备。

4. 提高组织内部危机意识

在数字时代，每个组织成员都可能成为舆情危机的传播者或受害者。因此，提高组织内部成员的危机意识，进行定期的危机应对培训是非常必要的。

5. 依托技术手段提升危机应对效率

利用现代技术手段，如人工智能和大数据分析，可以更加迅速地定位危机的来源、规模和潜在影响，提升危机应对的效率。

（五）舆情危机的应对策略

1. 强化危机预防与管理

越来越多的企业和个人将注重危机预防与管理。通过建立健全的风险评估体系、制定科学的危机管理计划，提前发现问题并及时应对，降低危机发生的概率和影响。

2. 增强数字素养与危机应对能力

随着数字化的深入,提升数字素养和危机应对能力将成为组织和个人的核心竞争力。未来将更加强调培养人员的数字化思维和危机管理技能。

3. 推动危机治理的国际合作

舆情危机通常不受地域限制,国际合作将在危机治理中发挥更为重要的作用。各国政府、企业和国际组织可以加强信息共享、经验交流,共同应对全球范围内的危机挑战。

在数字时代,舆情危机的发生是迅猛而不可预测的。有效的危机应对不仅需要及时而果断的行动,还需要建立长期的声誉修复策略。通过利用社交媒体进行主动沟通、建立专业的危机应对团队、提升数字素养和危机管理技能,企业和个人可以更好地应对舆情危机,最大程度地减轻危机带来的负面影响。在未来,更多的关注和投资将会流向危机预防与管理领域,以构建更为稳固的声誉基础。

三、社交媒体内容审核与规范制定

随着社交媒体在我们生活中的日益普及,内容的大量涌现带来了一系列新的挑战,如虚假信息、仇恨言论、隐私泄露等问题。社交媒体平台作为信息传播的主要渠道,承担着巨大的责任来确保用户能够获得安全、可靠、有益的内容。因此,社交媒体内容审核和规范制定成为至关重要的任务。本节将深入研究社交媒体内容审核的概念、挑战、规范制定的重要性以及未来发展趋势,并提出应对这些挑战的建议。

(一)社交媒体内容审核的概念

1. 社交媒体内容审核的定义

社交媒体内容审核是指社交媒体平台对用户生成的文本、图像、视频等各种形式的内容进行审查和监测的过程。这一过程的目的是确保用户发布的内容符合平台的规范，不包含违法、有害或不适宜的信息。

2.内容审核的主要内容

文字内容审核：对用户发布的文字进行审查，识别并过滤掉违规的文字信息。

图像内容审核：通过图像识别技术，检测和阻止包含违法、暴力、淫秽等内容的图像的传播。

视频内容审核：对用户上传的视频进行审查，防止视频中包含违法、有害或不适宜的内容。

(二) 社交媒体内容审核的挑战

1.内容多样性和规模庞大

社交媒体平台每天都会涌现大量的内容，包括文字、图像、视频等形式，这使得内容审核的任务异常庞大且复杂。同时，不同类型的内容审核需要不同的技术和方法。

2.虚假信息和深度伪造

随着技术的发展，虚假信息和深度伪造技术也在不断进步，使得识别和过滤这类内容变得更为困难。社交媒体平台需要不断更新审核技术以保持对抗这些问题的能力。

3.隐私保护和数据安全

在进行内容审核时，涉及到用户的隐私信息。平台需要在确保内容安全的同时，保护用户的隐私，以防止滥用用户数据或发生数据泄露。

(三) 规范制定的重要性

1.保护用户权益

通过规范制定，社交媒体平台能够明确用户的权利和责任，保障用户在平台上的合法权益，使其免受侵害。

2.规范审核标准

规范制定有助于建立清晰的审核标准和流程，明确什么样的内容是违规的，有助于审核团队更加准确和一致地进行内容审核。

3.防范法律风险

规范制定能够帮助社交媒体平台规避法律风险。明确规范并遵循法律法规，有助于降低平台因内容问题而面临的法律责任。

4.塑造平台形象

社交媒体平台的规范制定直接影响其形象和声誉。规范合理、科学，能够吸引更多用户和内容创作者，有助于提升平台的声誉。

（四）规范制定的关键要素

1.透明度与用户参与

规范制定需要在透明度方面做到更加开放，明确社交媒体平台的审核标准和流程，并允许用户参与讨论和提出建议。用户的参与感可以增加平台的可信度，减轻用户对于内容审查的疑虑。

2.多方合作与行业共识

社交媒体平台应该积极与其他平台、政府机构、社会组织等多方进行合作，建立行业共识。共享经验和资源，共同制定更为合理和有力的规范，共同应对内容审核的挑战。

3.持续创新与技术投入

规范制定需要紧密结合科技发展的趋势，鼓励社交媒体平台在内容审核领域进行持续创新。增加技术投入，引入先进的人工智能、机器学习等技术，以提高内容审核的准确性和效率。

4.针对不同内容的差异化处理

规范制定应该细化不同类型内容的审核标准，针对文字、图像、视频等不同形式的内容，采取差异化的审核处理。因为这些形式的内容可能有不同的审核难度和风险。

（五）社交媒体内容审核的解决方法

1.强化人工智能在内容审核中的应用

未来，社交媒体平台将更加依赖人工智能技术来处理内容审核。通过深度学习和自然语言处理等技术，平台可以更精准地识别和过滤违规内容，提高审核效率。

2. 引入区块链技术保障数据安全

区块链技术的引入可以加强对用户隐私和数据安全的保护。通过区块链的不可篡改性和透明性，社交媒体平台可以建立更安全、透明的内容审核体系。

3. 加强国际合作应对跨境内容问题

社交媒体平台在全球范围内运营，跨境内容问题是一个日益突出的挑战。未来，加强国际合作，建立全球性的内容审核标准和机制，将成为解决这一问题的关键。

4. 推动社交媒体平台社区治理

社交媒体平台可以鼓励用户更加积极参与到内容审核中，推动社区治理。通过用户举报机制、社区投票等方式，让用户参与内容规范制定和审核，共同维护社交媒体的良好生态。

社交媒体内容审核与规范制定是确保社交媒体平台持续健康发展的关键环节。面对内容的多样性和庞大规模，平台需要在技术、制度和社区自治等方面寻求创新和进步。未来，人工智能、区块链等新技术的应用将为内容审核提供更多可能性。通过国际合作和用户参与，社交媒体平台有望构建更加透明、安全、公正的内容审核机制，更好地履行社会责任，服务广大用户。

第四节　主持人在国际舞台上的文化智慧

在全球化的背景下，主持人在国际舞台上扮演着连接不同文化、传递信息的关键角色。国际舞台上的主持工作需要具备高度的文化智慧，即对不同文化的敏感性和理解能力。本节将深入探讨主持人在国际舞台上如何运用文化智慧，以提高节目的质量，促进文化交流。

一、国际舞台上的主持工作

（一）主持人的角色与责任

国际舞台上的主持人不仅仅是信息的传递者，更是文化的传播者。他们需要在跨文化的环境中，促进与观众的有效沟通，同时在文化的交汇点上保持中立、尊重。

（二）挑战与机遇

国际舞台带来了文化差异的挑战，但也为主持人提供了更广阔的机遇。通过巧妙地运用文化智慧，主持人可以打破沟通障碍，使得观众更容易理解和接受信息。

二、文化智慧的内涵

（一）跨文化沟通能力

跨文化沟通能力是文化智慧的核心。主持人需要了解不同文化的沟通方式、礼仪习惯，以确保他们的言行在国际舞台上既得体又受欢迎。

（二）文化敏感能力

文化敏感能力是主持人理解并尊重不同文化的能力。这涉及到对文化差异的敏感性，以及在交往中避免因文化差异引起的误解和冲突。

（三）多元文化知识能力

主持人需要具备广泛的多元文化知识能力。这包括对不同国家的历史、传统、风俗习惯等方面的了解，以便更好地与国际观众建立共鸣。

（四）文化调适能力

文化调适能力是指主持人在面对不同文化时的灵活性和适应性。这需要在不同文化之间灵活转换自己的沟通风格，以满足观众的需求。

三、文化智慧在主持工作中的应用

（一）多语言表达与翻译技巧

在国际舞台上，主持人可能面对多种语言的观众。良好的多语言表达和翻译技巧是运用文化智慧的重要手段，确保信息的准确传达。

（二）尊重文化差异

主持人需要在节目中展现对不同文化的尊重。这包括在选择话题、使用笑点时避免冒犯观众，以及在言辞中展现对多元文化的欣赏。

（三）创造包容性氛围

通过语言、肢体语言等手段，主持人应努力创造一个包容性的氛围，让观众感受到他们的文化特点受到尊重，鼓励他们参与互动。

（四）灵活处理文化冲突

文化冲突在国际舞台上难免发生，主持人需要有能力灵活处理。这包括及时纠正误解、调解紧张局势，以保持良好的文化交流环境。

四、主持人在跨文化传播中的发展

（一）技术的辅助

未来，随着语音翻译、虚拟现实技术的发展，主持人在国际舞台上运用文化智慧将更为便利。技术的辅助将使主持人更轻松地适应不同文化的需求。

（三）文化多元主义的普及

文化多元主义的普及将进一步促使主持人在国际舞台上运用文化智慧。随着人们对文化多元性的认知提升，观众更加期待主持人在节目中展现对不同文化的尊重和理解，这将成为主持人成功的关键因素。

（三）国际交流的加深

国际交流的加深将推动主持人在国际舞台上更频繁地面对不同文化历

史。这种情境将要求主持人不断提升自己的文化水平，以适应不断变化的国际文化环境。

在国际舞台上，主持人的成功不仅仅依赖于其主持技巧，更离不开对历史文化的理解。文化智慧不仅可以帮助主持人理解文化差异，也能够使其在交流中更为得体。未来，随着全球化的推进和文化多元主义的普及，我们有理由期待主持人在国际舞台上展现更高水平的文化智慧，促进各种文化之间的理解和融合，为世界文化的繁荣发展做出积极贡献。

第四章　融媒体时代的播音与主持的培训

第一节　融媒体时代的播音与主持人才培养目标

一、跨领域综合能力的人才培养

随着社会的快速发展和科技的迅猛进步，传统的专业边界变得日益模糊，跨领域综合能力成为了未来人才的重要素养。在这个全球化、信息化、创新化的时代，企业和组织更加注重播音与主持人才的培养，不仅具备专业深度，还能够在多个领域有所涉猎。本节将深入探讨跨领域综合能力的概念、重要性以及实现方法。

（一）播音与主持人才跨领域综合能力的概念

1.播音与主持人才跨领域综合能力的定义

播音与主持人才跨领域综合能力是指个体在多个学科或领域具备扎实的播音主持专业知识和技能，能够理解、应对和解决相关领域的问题的能力。这不仅包括对于专业知识的深度理解，还包括对于不同领域知识的整合和创新应用的能力。

2.播音与主持人才跨领域综合能力的要素

学科知识广度：跨领域综合能力首先要求个体具备在不同学科的播音

与主持领域的基础知识，能够理解各个领域的核心概念和基本原理。

综合运用能力：不仅仅是知识的广度，还需要能够将不同领域的知识融合运用，形成全新的思考方式，解决实际问题。

创新意识：跨领域综合能力需要个体具备跨越传统学科边界的创新意识，能够在不同领域中发现新问题、提出新思路。

团队协作：在跨领域工作中，个体通常需要与来自不同专业背景的人合作。因此，团队协作和沟通能力也是跨领域综合能力的一部分。

（二）播音与主持学科需要跨领域综合能力的重要性

1.适应快速变化的社会需求

社会和科技的快速发展导致了许多新兴领域的涌现，传统的主持学科边界已经无法涵盖这些新兴领域的复杂性。跨领域综合能力使个体能够更快速地适应新的领域和新的需求。

2.促进创新和问题解决

许多创新和问题解决的机会发生在不同学科的交汇点。跨领域综合能力使得个体更容易跨越学科界限，找到创新的点子，解决复杂的问题。

3.提高职业竞争力

在职场上，不再仅仅需要专业领域的专精，还需要能够全面思考和协同工作。具备跨领域综合能力的人才更容易适应多变的工作环境，更有竞争力。

4.推动跨界合作

当主持人遇到重大问题，例如气候变化、医疗健康等，需要不同领域的专业人士共同合作。跨领域综合能力的提升有助于推动跨界合作，解决全球性的挑战。

（三）实现跨领域综合能力的方法

1.跨学科教育

学校和培训机构可以通过跨学科的教育模式来培养学生的跨领域综合能力。这包括设计跨学科的课程、项目，引导学生在不同学科中建立联系。

2. 实践性项目与实习

实践性项目和实习是培养跨领域综合能力的有效手段。通过参与实际项目，学生可以在实践中学到更多的知识，培养解决问题的实际能力。

3. 提倡终身学习

终身学习的理念有助于个体保持对新知识的敏感性，并且愿意跨领域学习。培训机构和企业可以鼓励员工持续学习，并提供相关的培训资源。

4. 团队协作项目

在学校和工作环境中，组织团队协作项目也是培养跨领域综合能力的有效方式。通过与不同专业的人合作，个体能够学到更多的知识，提高协作和沟通的能力。

5. 跨领域导师制度

引入跨领域导师制度，即由不同领域的专业人士担任学生的导师，指导他们进行学科整合和创新性工作。这有助于学生从不同领域获取知识和经验。

（四）面临的挑战与解决方案

1. 传统思维限制

挑战：传统的思维可能限制了个体跨越学科边界的能力，有些人可能更倾向于深耕某一领域而对其他领域缺乏兴趣。

解决方案：学校和培训机构可以通过推崇跨学科的学术文化，鼓励学生参与不同领域的学科交叉研究。此外，可以设立专门的课程或活动，引导学生理解不同领域之间的关联性。

2. 学科整合难度

挑战：实现跨领域综合能力需要个体具备对多个学科的深度理解，并能够将这些知识有机地整合在一起。这对学习者来说是一项较大的挑战。

解决方案：引入项目式学习、问题解决型学习等教学方法，通过实际案例和项目激发学生的兴趣，帮助他们将知识融会贯通。此外，设计跨学科的课程结构，逐步引导学生拓展学科边界。

3. 教育体制和评价体系

挑战：传统的教育体制和评价体系通常偏向于对特定学科的考核，难以全面评价学生的跨领域综合能力。这可能导致学生在追求综合能力时面临考核压力。

解决方案：推动教育体制和评价体系的改革，引入更灵活的评价方式，例如综合性项目评估、实际案例分析等。同时，鼓励学生在学术和实践中展现他们的综合能力。

4. 跨领域综合能力培养的时间成本

挑战：跨领域综合能力的培养可能需要更多的时间，而在有限的学制内，如何平衡广泛的知识涉猎和深度学习可能成为问题。

解决方案：学校和培训机构可以优化课程设置，提供更加灵活的选修课程和项目，让学生根据个人兴趣和发展方向选择适合自己的跨领域课程。同时，鼓励学生在实际项目中应用所学知识，通过实践积累经验。

跨领域综合能力的培养是适应未来社会需求、提高个体综合素质的重要途径。在这个知识爆炸、信息交叉的时代，单一学科的知识已经不能满足多领域整合的需求。通过学科整合、实践性项目、团队协作等手段，可以培养具备广泛知识背景和创新能力的人才。同时，需要克服学科壁垒、调整教育评价体系，为学生提供更加灵活和多元的学习环境，让他们在跨领域综合能力的培养中得以充分发展。这样的人才更有竞争力，也能更好地适应未来社会的变化和挑战。

二、播音与主持领域中创新思维与解决问题的能力

在文化行业不断变化和复杂的社会环境中，播音与主持领域中创新思维和解决问题的能力成为个人和组织成功的关键。创新思维是指能够独立、灵活、富有创造性地思考问题和提出新观点的能力，而解决问题的能力则强调在面对挑战和难题时，能够迅速、有效地找到解决方案。本节将深入

探讨播音与主持学科中创新思维与解决问题的概念、重要性以及培养方法。

(一) 创新思维的概念

1. 创新思维的定义

创新思维是一种超越传统、敢于打破规则的思考方式，强调寻找问题背后的本质、挑战既定的思维框架，并从中发现新的、独特的解决方案。创新思维不仅仅是针对科技领域的创新，也包括对商业、社会、文化等各个领域的创新。

2. 创新思维的要素

开放性思考：创新思维强调开放性的思考方式，能够跳出传统框架，接纳不同的观点和思路。

联想和类比：能够运用联想和类比的方式，将不同领域的知识和经验融合，产生新的创意。

审慎冒险：创新思维并非盲目冒险，而是在审慎的基础上，勇于尝试新的想法和方法。

(二) 拥有解决问题的能力

1. 解决问题能力的定义

解决问题的能力是指在面对具体的挑战或困难时，能够有效地分析问题、寻找解决方案，并采取行动的能力。这需要综合运用逻辑思维、创造性思维和实践经验。

2. 解决问题能力的要素

问题定义：良好的问题解决始于对问题的准确定义。能够清晰、明确地识别问题是解决问题的第一步。

分析和归纳：解决问题需要分析问题的根本原因，通过归纳总结找出问题的关键点。

创造性思维：解决问题的能力不仅仅是机械的应用已有知识，还需要具备创造性思维，提出新颖的解决方案。

实践经验：过往的实践经验对于解决问题至关重要，需要借鉴以往成功的经验和失败的教训。

(三) 创新思维与解决问题的关系

1. 创新思维促进问题解决

创新思维能够打破传统思维的限制，使得在解决问题时能够看到更多的可能性。通过对问题的重新定义和不断尝试新的思路，创新思维能够为问题解决提供新的视角和方法。

2. 问题解决培养创新思维

在解决问题的过程中，需要运用创新思维来提出独特的、非传统的解决方案。通过解决实际问题，个体的创新思维能力也得到相应的培养和提升。

3. 共同特征与区别

创新思维和解决问题的能力在某种程度上有共通之处，都强调对问题的敏感性、灵活性思考和创造性的解决方案。然而，创新思维更注重对问题的重新定义和新的理念的产生，而解决问题更强调具体问题的解决方法和实施步骤。

(四) 创新思维与解决问题的重要性

1. 适应快速变化的环境

在社会和科技快速发展的当下，创新思维和解决问题的能力使个人和组织能够更好地适应环境的变化。能够敏锐地捕捉问题、创造性地解决问题是在竞争激烈的时代立于不败之地的重要素质。

2. 推动个人和组织发展

创新思维和解决问题的能力不仅是应对挑战的手段，更是推动个体和组织不断发展的动力。通过不断解决问题并引入创新，个体和组织能够实现持续进步。

3. 培养创新文化

拥有创新思维和解决问题的能力有助于培养创新文化。这种文化强调对新思想的接纳和对问题的积极解决，有助于形成一个积极向上的工作和学习氛围。

（五）创新思维与解决问题的培养方法

1. 跨学科学习与培训

跨学科学习是培养创新思维和解决问题的有效途径。通过涉足不同领域，个体能够接触到不同的知识、方法和思维方式，促使思维的多样性和开放性。

2. 创新项目和实践活动

参与创新项目和实践活动是培养创新思维和解决问题能力的有效手段。这样的活动能够让个体在实际问题中进行思考和实践，通过实践中的挑战促使创新和解决问题的能力的提升。

3. 设计思维培训

设计思维是一种以解决问题为导向的创新方法，注重从用户的角度出发，通过不断的迭代和反馈来改进解决方案。设计思维培训能够帮助个体培养关注用户需求、迭代改进的习惯。

4. 鼓励尝试和失败

创新思维和解决问题的能力需要通过不断的尝试和失败来磨练。在这个过程中，个体学会接受失败，从中吸取经验教训，不断优化自己的思考和行动方式。

5. 促进多元思维

多元思维是创新思维和解决问题能力的重要组成部分。通过鼓励多元文化、多元背景的团队合作，个体能够接触到来自不同视角的思维方式，从而拓展自己的思维空间。

（六）创新思维与解决问题的挑战与发展

1. 与人工智能和竞争

随着人工智能的发展，创新思维和解决问题的能力将更加重要。人工智能虽然能够处理大量的信息，但在面对复杂、模糊和创新性的问题时，仍需要人类的创造性思维和解决问题的能力。

2.可持续发展和社会创新

未来,创新思维和解决问题的能力将更加注重可持续发展和社会创新。个体和组织需要思考如何通过创新和解决问题来促进社会、环境和经济的可持续发展。

3.教育和组织创新

在教育领域,未来将更加注重培养学生的创新思维和解决问题的能力,强调实践和跨学科学习。同时,组织也将更加关注创新文化的建设,激发员工的创新活力。

创新思维和解决问题的能力是适应当代社会需求的重要素质。在一个充满变化和不确定性的时代,能够不断创新、勇于面对和解决问题的个体和组织将更具竞争力。通过跨学科学习、实践活动、设计思维培训等手段,个体可以培养这些能力。未来,创新思维和解决问题的能力将继续在各个领域发挥重要作用,推动社会的进步和发展。

三、融媒体素养与传媒职业道德的培养

随着信息技术的迅猛发展,融媒体逐渐成为信息传播的主渠道,对社会、文化和个体产生深刻影响。在融媒体的背景下,传媒从业者需要具备一系列的素养,同时要秉持职业道德。本节将探讨融媒体素养和传媒职业道德的概念、重要性,并讨论培养这两方面素质的方法。

(一)融媒体素养的概念

1.融媒体素养的定义

融媒体素养是指在数字化、网络化的媒体环境下,个体或机构适应并运用融媒体技术的能力。这包括对互联网、社交媒体、移动通信等新兴媒体形式的理解和应用,以及在这一环境中获取、处理、分享信息的能力。

2.融媒体素养的要素

数字文化素养:对数字技术和网络文化的了解,包括网络语言、网络

礼仪等。

信息获取和处理能力：能够高效地从庞大的信息中获取所需信息，并具备对信息进行筛选、分析的能力。

创新思维：具备在融媒体环境下进行创意和创新的思维方式，能够提出新颖的观点和解决方案。

网络交往能力：能够在网络社交平台上进行有效的交流和合作，维护良好的社交关系。

（二）传媒职业道德的概念

1. 传媒职业道德的定义

传媒职业道德是指从事传媒行业的个体或机构在从业过程中应当遵循的一系列道德规范和原则。这些规范涵盖了对信息真实性的要求、对公共利益的尊重、对隐私权的保护等方面。

2. 传媒职业道德的要素

真实性和客观性：传媒从业者应当提供真实、客观、全面的信息，避免虚假报道和主观扭曲。

公共利益导向：在报道和表达意见时，应当考虑社会的公共利益，避免过度炒作和不负责任的言论。

尊重隐私权：应当尊重被报道对象的隐私权，避免不当的侵犯。

独立性：传媒从业者应当保持独立思考的能力，不受外部势力的干扰。

（三）融媒体素养与传媒职业道德的关系

1. 共同点

融媒体素养与传媒职业道德有许多共同点。首先，都关注信息的真实性和客观性。无论是融媒体素养还是传媒职业道德，都强调在信息传播中要避免虚假、主观的情况，确保信息的准确性。其次，两者都强调对公共利益的尊重。无论是在信息的选择还是在信息的表达中，都应当考虑社会公众的需求和利益。最后，对隐私权的尊重也是两者的共同关注点，都要求从业者在报道中注意保护相关个体的隐私。

2.区别

尽管有共同之处，融媒体素养和传媒职业道德也存在一些区别。融媒体素养更侧重于应对数字化、网络化媒体环境的能力，包括数字文化的理解、信息获取和处理的技能等。而传媒职业道德更强调在从业过程中应当遵循的一系列道德规范，包括对信息真实性的要求、对公共利益的尊重等。

（四）融媒体素养与传媒职业道德的重要性

1.适应融媒体环境的要求

在融媒体环境中，信息传播更加迅速、广泛，对从业者的素养提出了更高的要求。融媒体素养能够帮助从业者更好地适应这一环境，高效地从庞大的信息中获取有价值的内容。

2.维护公共利益

传媒作为信息传播的重要渠道，直接关系到社会公众的知情权和参与权。良好的融媒体素养和传媒职业道德的遵循有助于维护公共利益，确保信息的真实、客观和有价值。

3.塑造行业形象

传媒从业者的融媒体素养和职业道德水平直接关系到整个行业的形象。如果从业者缺乏融媒体素养，容易在信息传播中出现失误，影响行业的声誉。同时，如果不遵循职业道德，可能导致负面的社会反响，加剧公众对传媒行业的负面印象。

4.保护个体权益

传媒报道往往涉及到个体的隐私和权益。传媒从业者要通过遵循职业道德规范，尊重被报道对象的隐私，防止不当的侵犯。这有助于建立一个公正、负责任的媒体环境，维护社会的公正和个体的权益。

（五）培养融媒体素养与传媒职业道德的方法

1.教育与培训

在教育体系中加强对融媒体素养和传媒职业道德的培训，使从业者在掌握专业知识的同时，也具备必要的道德修养。这包括相关法规的学习，职业道德的理论教育，以及在融媒体环境中的实践经验。

2. 案例研究和经验分享

通过案例研究分析行业内发生的问题和典型案例，使从业者能够借鉴经验教训，加深对融媒体素养和职业道德的认识。同时，开展经验分享活动，让成功经验在行业内得以传递。

3. 职业伦理的嵌入式培训

将职业伦理培训嵌入从业者的职业发展过程中。通过实际工作中的培训、导师制度等方式，使从业者能够在实践中不断地修炼和提高自己的职业道德水平。

4. 现场实践和模拟训练

融媒体环境变化快速，从业者需要在实践中不断学习和适应。通过现场实践和模拟训练，使从业者能够更好地应对复杂多变的融媒体环境，提高应对突发事件的应变能力。

（六）融媒体素养与传媒职业道德的未来趋势

1. 技术与伦理的平衡

随着技术的不断发展，融媒体环境中可能会出现更多的技术伦理问题，如人工智能在播音主持中的应用、虚拟现实对社交媒体的影响等。未来的趋势将是在技术与伦理之间寻找平衡，确保技术的应用符合道德和社会价值观。

2. 数据隐私与安全

随着大数据的广泛应用，数据隐私和安全问题日益凸显。未来，融媒体从业者需要更加关注个体数据的合法获取和使用，建立更加完善的数据隐私保护机制。

第二节　播音与主持课程设置与教学方法的创新

一、播音与主持实践导向的课程设置

播音与主持实践导向的课程设置是一种教学理念，其核心思想是通过实际操作和应用来促进学生的学习。这种课程设置强调培养学生的实际应用能力、解决问题的能力以及创新思维，使他们能够更好地适应现实生活和工作环境。在实践导向的课程中，理论知识和实际操作相结合，通过实际项目、实地考察、实验等方式，让学生在实践中获取知识，提高他们的综合素养。

播音与主持实践导向的课程设置有以下几个重要方面：

（一）课程设计与实际应用结合

实践导向的课程首先要考虑到实际应用。课程设置需要与行业实践、职业需求相结合，确保学生学到的知识和技能具有实际应用价值。这可以通过与相关行业合作、邀请业界专业主持人参与课程设计等方式实现。

（二）项目驱动的学习

在实践导向的课程中，项目驱动的学习是一个重要的教学方法。通过参与真实项目，学生能够将理论知识应用到实际中，提高解决问题的能力。这种学习方式还能培养学生的团队协作和主持能力，使他们更好地适应未来职业发展。

（三）实地考察与实习机会

提供实地考察和实习机会是实践导向课程的一部分。通过实地考察，学生能够亲身感受行业的工作环境，了解实际问题和挑战。实习机会则为学生提供了在真实工作场景中应用所学知识的机会，例如真实主持，编采主持稿件等。有助于他们更好地将理论知识转化为实际操作能力。

（四）实验教学的重要性

实验教学是实践导向课程的重要组成部分。通过实验，学生可以通过亲身实践来理解和掌握课堂上学到的理论知识。实验教学不仅可以增强学生的主持能力，还可以培养他们的观察力、沟通能力以及采编能力。

（五）跨学科整合

实践导向的课程应该鼓励跨学科整合，使学生能够从不同学科领域获取知识，并将其整合应用到实际问题中。这有助于培养学生的综合素养和跨领域解决问题的能力。

（六）反馈机制与持续改进

建立有效的反馈机制对于实践导向的课程至关重要。通过及时的反馈，学生可以了解自己在实践中的表现，及时调整学习方向。教师也可以通过学生的反馈来改进课程设计，使课程更贴近实际需求。

（七）技术手段的应用

利用现代技术手段，如虚拟采访、在线模拟主持等，可以进一步提升实践导向课程的效果。这些技术手段可以为学生提供更多实践机会，打破时间和空间的限制，促进学生在虚拟环境中进行实际操作和应用。

实践导向的课程设置不仅有助于学生更好地适应职业发展，也符合社会对于高校培养具有实际操作能力的人才的需求。通过这样的课程设置，学生可以更好地将理论知识转化为实际技能，提高就业竞争力，为未来的职业生涯奠定坚实的基础。

（八）行业合作与导师指导

与行业合作是实践导向课程的关键组成部分。建立与行业的紧密联系可以确保课程的实际性和前瞻性。通过邀请行业专业主持人或编导担任导师或参与课程设计，学生可以直接受益于实际经验和行业动态，更好地理解专业领域的实际需求。

（九）案例分析与问题解决

播音与主持实践导向的课程设置中应该包括主持案例分析和问题解决

的环节。通过分析主持人真实案例，学生能够理解播音理论知识在实际情境中的应用，培养解决问题的能力。这也有助于培养学生的批判性思维和分析问题的能力。

（十）自主学习与团队合作

播音与主持实践导向的课程应该鼓励学生进行自主学习，并在团队中协作。自主学习培养学生主动获取知识和解决问题的能力，而节目团队合作则能锻炼学生的沟通协调和团队协作精神。这两者结合，能够更好地培养学生的综合素养。

（十一）社会责任与传播伦理意识

播音与主持实践导向的课程设置应该注重培养学生的社会责任感和伦理意识。通过实际案例的讨论和分析，引导学生思考其播音与主持专业领域中的社会责任，以及在实践栏目中如何处理传播伦理问题。这有助于培养学生的社会责任感和职业操守。

（十二）定期评估与调整

播音与主持实践导向的课程设置需要定期进行评估，以确保课程的质量和有效性。评估可以包括学生的学业表现、毕业生的就业情况、行业反馈等多个方面。通过定期的评估，课程可以进行及时调整和改进，以适应不断变化的行业需求和教育环境。

（十三）国际化视野与跨文化交流

在全球化的背景下，播音与主持实践导向的课程设置应该注重培养学生的国际化主持视野和跨文化交流能力。通过国际合作项目、跨国主持实习等方式，学生可以接触到不同文化背景下的实际主持节奏问题，提高他们的全球竞争力。

（十四）生涯规划与发展支持

播音与主持实践导向的课程应该提供生涯规划和发展支持。这包括职业指导、实习机会推荐、创业支持等方面。通过为学生提供全面的主持技术支持，可以帮助他们更好地规划自己的职业生涯，实现个人和职业发展目标。

(十五) 持续专业发展

播音主持实践导向的课程设置应该鼓励学生进行持续的专业发展。通过培养自主学习的能力，学生能够在毕业后继续学习和适应行业的不断变化。这也包括鼓励学生参与行业研究、专业协会等组织，保持对专业领域的关注。

总的来说，实践导向的课程设置旨在通过实际操作和应用来促进学生的全面发展。这种课程设置强调培养学生的实际应用能力、解决问题的能力以及创新思维，使他们能够更好地适应职业发展和社会需求。通过以上的方面，可以建立一个有机整合理论与实践、注重学生发展与社会需求的实践导向课程体系。

二、个性化学习路径与自主学习

个性化学习路径与自主学习是当今教育领域备受关注的话题。这两者相辅相成，都旨在更好地满足学生的个体差异，培养其独立思考和学习的能力，这对于主持人的个人发展至关重要。本节将深入探讨个性化学习路径和自主学习的概念、重要性，以及它们在教育实践中的应用。

(一) 个性化学习路径

1. 概念

个性化学习路径是基于学生个体差异的理念而设计的教育方法。传统的播音教育往往采用一刀切的方式，所有学生在相同的课程和学习进度下学习，忽略了他们的不同学习风格、兴趣、优势和弱点。而个性化学习路径通过深入了解每个学生的学习需求和特点，为其设计独特的学习计划，以更好地促进其学术发展和个人成长。

2. 重要性

满足个体差异：学生在学术能力、学科兴趣、学习风格等方面存在差异。个性化学习路径可以更好地满足这些差异，使每个学生都能够在合适的层次上学习，更好地理解和应用知识。

激发学习兴趣：通过结合学生的兴趣和爱好，个性化学习路径可以激发学生对学科的兴趣，使学习变得更加有趣和有动力。

提高学习效果：由于学习路径更符合学生的实际情况，个性化学习可以提高学习效果。学生在适应自己的学习速度和方式时，更容易理解和掌握知识。

培养自主学习能力：个性化学习路径强调学生的主动参与，培养了他们在学习过程中做出选择、解决问题的能力，有助于形成自主学习的态度。

（二）自主学习

1.概念

自主学习是指学生能够主动地选择学习的内容、学习的方式，以及学习的时间。这种学习方式强调学生在学习过程中的主动性和自主性，追求知识的深度和广度，培养学生独立思考和解决问题的能力。

2.重要性

培养独立思考：自主学习强调学生对学习的主动参与，培养了他们独立思考和分析问题的能力，摆脱了过于依赖教师和教材的学习方式。

适应未来挑战：在信息爆炸的时代，自主学习能力成为应对未来挑战的关键。学生需要具备不断学习和适应新知识的能力，而这正是自主学习所培养的。

促进深度学习：通过自主选择学习的内容，学生更容易追求对知识的深度理解，而非仅仅是为了完成任务而记忆表面知识。

提高问题解决能力：自主学习注重解决实际问题和面对挑战，因此培养了学生的问题解决能力。他们学会在面对新问题时主动寻找解决方案。

（三）个性化学习路径与自主学习的结合

个性化学习环境的构建：创造一个个性化学习的环境，包括定制化的教学计划、灵活的学习资源以及多样的评估方式。这样的环境可以更好地满足学生的个体差异,激发他们的学习兴趣。

学习资源的个性化推荐:利用先进的技术手段,根据学生的学习风格、水平和兴趣为其推荐个性化的学习资源。这有助于学生更高效地获取知识。

目标设定与自我评价:帮助学生设定个性化的学习目标,并鼓励他们进行自我评价。这样的实践可以培养学生的目标管理和反思能力。

导师辅助与指导:导师在个性化学习中扮演着重要的角色,需要通过个性化的指导和辅导,帮助学生规划学习路径、解决学业问题,同时培养其自主学习的能力。

技术支持与在线学习平台:利用先进的技术手段,提供在线学习平台,为学生提供随时随地的学习机会。这不仅方便学生进行自主学习,还为个性化学习路径的实施提供了技术支持。

(四)播音与主持个性化学习遇到的挑战与应对策略

尽管个性化学习路径和自主学习有很多优势,但在实践中仍然面临一些挑战:

资源不均衡:学校或地区之间的资源分配不均,导致一些学生无法获得足够的支持。针对这一问题,可以通过开展在线学习播音与主持网课、开拓更多的主持教育资源等手段来弥补资源不足。

教师培训与支持:实施个性化学习和自主学习需要教师具备新的教育理念和技能。提供教师培训和支持,帮助他们更好地适应这一发展,是关键的一步。

学生自律问题:自主学习需要学生具备较强的自律性,这对于一些自主学习习惯尚未形成的学生来说可能是一个挑战。学校可以通过逐步培养学生的自主学习能力,提供相关的学习方法指导来应对这一问题。

(五)播音与主持个性化学习未来发展

随着技术的不断发展和社会的变革,播音的个性化学习路径和自主学习将在未来继续发挥重要作用。预计未来的教育将更加注重培养学生的创造力、批判性思维和解决问题的能力,而这些能力正是个性化学习路径和自主学习所能够提供的。

主持人教育机构需要不断创新，整合先进的技术手段，为学生提供更灵活、个性化的学习环境。同时，教育者需要不断探索有效的教学方法，激发学生的学习兴趣，引导他们成为具有创新能力和随机应变能力的未来主持人。

总体而言，个性化学习路径和自主学习是教育创新的重要方向。通过更好地满足学生的个体差异，培养其自主学习能力，我们可以期待未来教育更好地服务于学生的全面发展。

三、融入播音主持实际案例的问题导向教学

问题导向教学是一种注重学生提出问题、解决问题和应用知识的教学方法。它强调学生在学习过程中的主动性，通过探究问题来激发他们的学习兴趣和深度理解。融入实际案例的问题导向教学更进一步，将问题与实际情境相结合，使学生在解决问题的过程中更好地理解和应用所学知识。本节将深入探讨问题导向教学的概念、问题导向教学的重要性以及如何融入实际案例，以促进更有效的学习。

（一）问题导向教学的概念

问题导向教学是一种强调学生主动探究、提出问题和解决问题的教学方法。它与传统的知识传授模式相比，更加注重培养学生的批判性思维和问题解决能力。问题导向教学的关键点包括：

学生的主动参与：学生在问题导向教学中扮演更为积极的角色，他们提出问题、寻找解决方案，而不仅仅是被动接受教师的讲解。

实际问题的解决：教学内容和活动紧密围绕实际问题展开，学生需要运用所学知识来解决这些问题，促使知识的实际应用。

跨学科的整合：问题导向教学鼓励学科之间的整合，通过解决实际问题，学生能够在不同学科中应用各种知识。

合作与团队工作：学生通常以小组形式合作解决问题，这有助于培养团队协作和沟通能力。

（二）问题导向教学的重要性

激发学习兴趣：通过提出引人入胜的问题，激发学生的好奇心和兴趣，使他们更愿意投入学习。

培养批判性思维：学生在解决问题的过程中需要思考、分析和评估信息，从而培养批判性思维和判断力。

促进实际应用：问题导向教学强调学生将知识应用于解决实际问题的能力，提高了学生的实际应用水平。

自主学习和探究：学生在问题导向的环境中更加主动，学会独立探究问题，培养了自主学习的能力。

跨学科整合：问题往往不受学科的限制，因此问题导向教学促使学生在不同学科之间进行整合，形成全面的知识体系。

（三）融入实际案例的问题导向教学

选择合适的实际案例：实际案例应当与学科知识和学生的实际生活紧密相关。案例可以来自行业实践、社会问题、科学发现等领域，以引起学生的兴趣。

案例导向问题设计：问题设计应基于选定的实际案例，鼓励学生思考案例中的挑战和解决方案。问题应该能够引导学生深入挖掘相关知识，并在解决问题的过程中不断学习。

引导学生实地调研：对于某些案例，实地调研是必要的。这可以是参观企业、实验室、社区，或者进行采访调查。实地调研有助于学生深入了解问题的实质。

设计开放性问题：问题导向教学中的问题应该是开放性的，鼓励多样性的回答和解决方案。这有助于激发学生的创造性思维，培养他们面对复杂问题时的灵活性。

引入专业导师或行业专家：如果可能，邀请专业导师或行业专家参与问题导向教学。他们的实际经验和专业知识可以为学生提供更深入的指导和启发。

学生展示和反思：问题导向教学的最终目标是培养学生的问题解决能力。在解决问题的过程中，鼓励学生展示他们的解决方案，并进行反思。这有助于巩固学习成果，培养自我评价和团队协作的能力。

第三节 新媒体环境下的播音与主持实践性培训

一、播音与主持实际工作场景的模拟培训

播音与主持实际工作场景的模拟培训是一种通过模拟真实主持环境来培养学生主持技能和知识的教育方法。这种培训方式可以有效地将理论知识转化为实际操作能力，提高学生在工作中的绩效。本节将深入讨论实际播音主持场景模拟培训的概念、重要性、设计原则及其在不同行业的应用。

（一）实际工作场景模拟培训的概念

1.概念

实际工作场景模拟培训是一种通过复制真实主持采编环境，使学生在模拟中进行操作和应用知识的培训方法。这种培训形式可以包括模拟主持栏目、实际播音情境演练、角色扮演等，以尽可能地反映真实主持场景。

2.概念要素

真实性：模拟培训需要尽可能还原真实主持场景，包括主持流程、环境、设备等，以使学生在培训中获得实际操作经验。

互动性：学生在模拟培训中需要积极参与，与模拟环境互动，进行实际操作，解决问题，以增强学习效果。

反馈机制：提供及时的反馈是模拟培训的重要组成部分，通过评估学生的表现，指导他们改进，并促使他们更好地理解和应用知识。

3. 播音与主持实际工作场景模拟培训的重要性

播音与主持实际操作经验：模拟培训使学员能够在安全的演播环境中进行实际操作，获得真实的经验，而不必担心因错误而导致的实际损失。

知识转化：通过在真实播音环境的模拟中进行操作，学生更容易将理论知识转化为实际操作技能，提高实际问题解决的能力。

团队协作：模拟培训通常需要学生在模拟栏目中合作，这有助于培养团队协作和沟通技能，提高团队绩效。

持续学习：模拟培训提供了一个持续学习的平台，学生可以随时随地进行实际操作的模拟，保持对播音知识和主持技能的持续提升。

4. 播音与主持实际工作场景模拟培训的设计原则

明确培训目标：在设计栏目模拟培训时，首先需要明确培训的具体目标，确定学生需要掌握的技能和知识。

模拟真实主持场景：模拟培训的真实性是成功的关键。设计时需要尽可能还原真实的主持环境，包括设备、流程、人员等。

交互式设计：培训应设计为交互式的过程，鼓励学生积极参与，进行实际主持练习，解决问题。

提供反馈机制：建立有效的反馈机制，及时给予学生关于其表现的反馈，帮助其识别和改正错误，促进学习效果的提高。

灵活性和个性化：模拟培训需要考虑到学生的个体差异，设计灵活、可定制的培训方案，以满足不同学生的需求。

整合技术：利用现代播音主持技术手段，如虚拟现实模拟主持（VR）、增强现实模拟主持（AR）、模拟播音软件等，增强模拟培训的效果，提高学生的参与感和沉浸感。

（二）播音主持实际工作场景模拟培训面临的挑战和应对策略

尽管在播音主持学科，实际工作场景模拟培训具有许多优势，但在实施过程中也会面临一些挑战，以下是一些挑战及应对策略：

成本问题：设立模拟播音培训设施和使用高级技术可能需要昂贵的投

资。解决方案包括寻找成本更低廉的模拟方式，如虚拟培训平台、与电视台合作模拟，以及主持共享资源。

真实性挑战：有时候，模拟无法完全还原真实播音场景。为了增加真实性，可以在模拟培训中引入更多真实案例、实际案例的经验分享，以及专业主持的指导。

个体差异：不同学生可能有不同的学习风格和水平。模拟播音培训可能需要考虑到这些差异，提供个性化的主持方案，或在培训中提供额外的支持。

主持效果评估：评估模拟培训的效果可能会更为复杂。采用多元化的评估方法，包括学生的反馈、表现评估、模拟播音主持场景的还原程度等，来全面了解培训的效果。

（三）未来播音模拟培训趋势

实际工作场景的模拟培训在未来将继续发展，并面临一些新的趋势：

增强现实（AR）和虚拟现实（VR）的应用：随着 AR 和 VR 技术的不断发展，它们将在模拟播音主持培训中发挥越来越重要的作用。这些技术能够提供更为沉浸式的主持体验，增强学生的参与感。

人工智能（AI）辅助培训：AI 技术可以用于个性化学习路径的制定、学生表现的实时监测和反馈等方面，从而提高培训的效果。

在线播音模拟工具的普及：随着互联网的发展，在线模拟工具将更加普及。如：播音主持人题库，普通话学习、配音秀等在线 APP 平台。这种方式可以降低培训成本、提高灵活性，使更多人能够方便地参与模拟培训。

数据驱动的培训：收集和分析学员在模拟培训中的数据将成为更为常见的做法。通过数据分析，培训者可以更好地了解学员的需求，调整培训内容和方式。

跨越协作：跨地域、跨文化、跨学科的协作将成为模拟培训的一个趋势。这种跨越协作可以通过虚拟团队培训、在线合作项目等方式实现。

播音与主持实际工作场景的模拟培训是一种强大的教育工具，能够将学习经验从理论转移到实际操作中。通过模拟真实的主持场景，学生能够更好地理解和应用知识，提高工作绩效。随着技术的发展和培训方法的不断创新，模拟培训将在各行各业发挥更加重要的作用。有效的模拟培训需要综合考虑真实性、互动性、反馈机制等要素，同时针对不同学科和学生的特点设计合适的培训方案。

二、产业合作与实习项目

产业合作与实习项目在高等教育中扮演着至关重要的角色。这种形式的合作不仅有助于学生将理论知识转化为实际技能，而且为学校和产业之间建立有益的伙伴关系，推动知识和创新的交流。本节将深入探讨产业合作与实习项目的意义、实施方式、面临的挑战以及未来的发展趋势。

（一）产业合作与实习项目的意义

实践转化：产业合作与实习项目提供了学生将学到的理论知识转化为实际技能的机会。在真实的工作环境中，学生能够应用他们在课堂上学到的概念，并了解这些概念在实际工作中的运作方式。

就业竞争力：通过实习项目，学生能够积累相关行业的经验，提高在就业市场上的竞争力。实践经验对于雇主来说是一个强有力的证明，表明学生不仅具备理论知识，还具备实际操作的能力。

产业对话：产业合作促进了学校与行业之间的对话和合作。学校可以更好地了解行业的需求，调整课程设置，确保培养出符合市场需求的人才。

创新和研发：产业合作有助于促进创新和研发。学校与产业的紧密合作可以鼓励双方共同探索解决实际问题的创新方法，推动科研成果的应用。

学科整合：实习项目常常涉及跨学科的合作。这种合作有助于打破学科间的壁垒，使学生能够在解决实际问题时获得多方面的支持和见解。

（二）实施方式

合作协议：学校和产业之间可以签署合作协议，明确双方的责任和权利。这种协议通常规定实习项目的期限、学生的职责以及可能的奖励机制。

产业导师：为确保实习项目的成功，产业方可以提供专业的导师，指导学生在实际工作中的表现。这有助于学生更好地适应产业环境，并提供实际问题解决的指导。

项目设计：实习项目应该有明确的设计和目标。学校和产业可以共同设计实习项目，确保项目内容与学生的专业背景和产业需求相匹配。

反馈机制：为了确保学生在实习过程中不断进步，建立有效的反馈机制是关键。产业导师可以定期提供反馈，指出学生的优点和需要改进的地方。

学术监督：学校可以派遣教师或学术监督人员参与实习项目，确保项目符合学术要求，并监督学生在实践中的学术表现。

（三）播音学生所面临的挑战

招聘和匹配：产业合作需要合适的人才匹配，这对于产业和学校都是一个挑战。学生的专业背景和产业需求的匹配程度直接影响实习项目的成败。

学生资格：一些学生可能没有足够的专业知识或技能参与实习项目，这需要学校在招生和培养过程中更加关注学生的职业素养和实际操作能力。

保密性和知识产权：一些产业可能涉及敏感信息或知识产权问题。学校和产业需要共同制定保密协议和知识产权保护措施，以确保合作的顺利进行。

资源投入：实施产业合作与实习项目需要学校和产业投入一定的资源，包括时间、人力和财力。这对于一些资源有限的学校和产业来说可能是一个挑战。

学生支持：学校需要提供足够的支持，确保学生在实习期间能够得到必要的指导和培训。这包括解决实际问题的技能、沟通能力等方面的支持。

（四）产业合作的未来发展趋势

全球化合作：随着全球化的加深，产业合作将更多地涉及国际层面。学校和产业可能会寻求跨国界的合作，推动国际人才的培养。

融媒体技术的应用：利用融媒体技术，如在线播音传媒实习、多平台远程实习等，将成为未来发展的趋势。这有助于解决时空限制，使更多的学生能够参与实习项目，不受地理位置的限制。

行业定制化培训：产业合作与实习项目将更趋向于定制化，以满足不同行业的需求。学校和产业可以更加精准地设计实习项目，确保学生毕业后能够迅速适应特定行业的工作要求。

跨学科合作：未来的产业合作可能涉及更多跨学科的合作。随着产业的发展，问题愈加复杂，需要不同专业领域的知识交叉，因此学校和产业可能会加强跨学科合作，培养更全面的人才。

强化学生自主能力：未来的产业合作与实习项目可能更注重培养学生自主学习和解决问题的能力。这包括培养学生的创新意识、团队协作精神以及对未知领域的适应能力。

可持续发展：可持续发展将成为产业合作与实习项目的一个重要主题。产业和学校可能会更加关注培养可持续发展领域的专业人才，推动绿色产业的发展。

大数据驱动：利用大数据分析学生在实习项目中的表现，为学校和产业提供更多关于学生发展和实际工作需求的信息。这有助于更好地调整培训方向，提高实习项目的效果。

三、融媒体工作者的导师制度建设

随着信息技术的迅速发展，融媒体行业正经历着巨大的变革。在这个数字化、网络化的时代，融媒体工作者扮演着关键的角色，需要具备跨学科的综合素养和不断更新的专业知识。在这个背景下，建设一套科学完善的导师制度对于培养优秀的融媒体从业人才至关重要。本节将深入探讨融媒体工作者导师制度的建设，包括制度的设计原则、导师的角色定位、培养方案的优化等方面。

（一）融媒体工作者导师制度的设计原则

跨学科导师团队：融媒体工作者需要具备广泛的知识，包括传播学、新闻学、设计、计算机科学等多个领域。因此，导师制度应该建立一个跨学科的导师团队，覆盖不同领域的专业知识，以满足融媒体工作者全面发展的需求。

实践导向：融媒体工作者是实践型人才，导师制度应强调实践导向，鼓励学生在实际项目中应用所学知识。导师团队需要有丰富的实际工作经验，能够指导学生解决实际问题，提高实际操作能力。

导师—学生互动：导师不仅仅是知识传授者，更应是学生职业生涯发展的引导者。导师制度应鼓励导师与学生建立紧密的关系，进行个性化的职业规划和指导。

不断更新的专业知识：融媒体行业发展迅速，导师需要不断更新自己的专业知识。导师团队应该参与产业前沿研究，确保能够为学生提供最新、最实用的知识。

培养创新思维：融媒体行业注重创新，导师制度应该注重培养学生的创新思维和解决问题的能力。导师可以通过引导学生参与创业项目、组织创意工坊等方式激发学生的创造力。

（二）导师的角色定位

学科专家：导师首先应该是学科专家，具备深厚的学科知识。他们应该能够为学生提供系统的学科指导，帮助学生建立坚实的专业基础。

职业导师：导师应该扮演职业导师的角色，帮助学生规划职业生涯。这包括为学生提供实习机会、建议职业发展方向、帮助学生构建个人品牌等。

团队合作者：在融媒体工作中，团队协作是非常重要的。导师应该引导学生学会在团队中合作，培养团队协作的能力。

创新引导者：融媒体行业需要创新思维，导师应该引导学生培养创新思维，激发他们的创造力，并在实际项目中引导他们实践创新。

网络拓展者：导师应该具备广泛的人际网络，帮助学生扩展职业人脉。导师的人际关系网可以为学生提供更多的实践机会和职业发展渠道。

（三）培养方案的优化

个性化培养计划：针对每位学生的不同需求，导师应制定个性化的培养计划。这可以包括针对学生的兴趣、特长、职业规划等方面的个性化指导。

实习机会提供：导师制度应该积极与行业合作，为学生提供更多的实习机会。实习是将理论知识转化为实践经验的关键途径，对学生职业发展至关重要。

行业导师邀请：引入行业导师，即在行业中有丰富从业经验的专业人士，为学生提供更贴近实际行业需求的指导。这有助于缩小学校与行业之间的鸿沟，增强实际操作能力。

项目实战：导师制度应该推动学生参与真实项目。这可以是与企业合作的实际项目，也可以是学校内部组织的创意项目。通过实际项目，学生可以更好地锻炼自己的能力。

学术研究鼓励：融媒体行业既强调实践，也需要有一批具备学术素养的从业人才。导师制度可以鼓励学生参与学术研究，促使他们深入思考行业发展趋势、问题与解决方案，提高学生的学术背景和研究能力。

定期评估和反馈：导师制度应该设立定期的评估机制，对学生的学术表现、实践能力和职业规划进行评估。同时，导师要提供及时的反馈，指导学生在不足之处加以改进。

继续教育支持：由于融媒体行业发展迅速，导师制度应该为导师提供继续教育的机会，保持他们的学科和行业知识的更新。这也有助于导师更好地指导学生应对行业的变化。

（四）面临的挑战及解决方案

行业变化快：融媒体行业变化迅速，导师难以及时了解最新的行业动态。解决方案是建立紧密的产学研合作机制，与行业保持密切联系，了解最新趋势，并通过行业导师的引入提供实际的行业经验。

导师资源有限：有些学校可能缺乏具有实际从业经验的导师资源。解决方案可以是通过合作协议，邀请行业专业人士担任兼职导师，或者进行师资培训，提高学校内部导师的实际工作经验。

学生个体差异大：学生的兴趣、能力、职业规划存在差异，制定一套适用于所有学生的培养方案难度较大。解决方案是建立灵活的培养计划，鼓励个性化发展，为学生提供多样选择。

导师工作压力大：导师除了进行学术指导外，还需要关注学生的职业发展、实习机会等方面，工作压力较大。解决方案可以是设立专业的职业发展指导团队，协助导师进行职业发展规划。

实习机会不足：一些学校所在地的融媒体产业可能不够发达，实习机会相对有限。解决方案是通过与其他地区的产业建立合作关系，提供更广泛的实习机会，或者通过模拟实习等方式弥补实际实习的不足。

（五）融媒体导师制度的发展趋势

人工智能辅助导师：人工智能技术可以为导师提供更全面、个性化的指导。通过分析学生的学科需求、职业规划和学习风格，人工智能系统可以为导师和学生提供更有针对性的建议。

全球化合作：融媒体行业是全球化的，未来的导师制度可以更多地与国际产业和学术机构合作。这有助于学生接触到更广泛的国际化视野，更好地适应全球性的新媒体发展。

跨界合作：未来导师制度可能会更加注重跨界合作，鼓励学生在不同学科领域中寻找灵感。这样的跨界合作有助于培养更具创造力和综合素养的新媒体工作者。

社会责任感培养：随着社会对于企业社会责任的关注度提高，导师制度可能会更加注重培养学生的社会责任感。导师可以引导学生思考新媒体行业的社会影响，鼓励他们在职业发展中承担社会责任。

融媒体工作者导师制度的建设是培养具备广泛知识和实际操作能力的新媒体人才的关键。通过科学的设计原则、明确的导师角色定位、个性化的培养方案，可以更好地满足学生的需求，提高他们在融媒体行业的竞争力。未来，随着技术的发展和行业的变化，导师制度可能会面临更多的挑战和机遇，需要不断创新和优化，以适应融媒体行业的发展需求。

第五章 融媒体时代的播音与主持新趋势

第一节 融媒体平台的播音与主持

一、融媒体平台传播的兴起

随着信息技术的不断发展，融媒体平台传播已成为现代传媒行业的一项关键趋势。这一趋势在互联网、移动设备和社交媒体的普及下得到了进一步推动。融媒体平台传播意味着信息可以通过多种不同的媒体渠道传播，包括电视、广播、互联网、社交媒体、移动应用和印刷媒体等。本节将探讨多平台传播的兴起，以及它对传媒行业、受众和社会的影响。

（一）融媒体平台传播的定义和背景

融媒体平台传播是指将信息、内容或媒体产品通过多种不同的传播渠道和媒体形式传递给受众的方式。这些传播渠道可以包括传统媒体，如电视、广播和印刷媒体，也包括数字媒体，如互联网、社交媒体、移动应用和在线视频平台。融媒体平台传播的兴起是由以下几个因素推动的：

技术进步：随着数字技术的不断发展，传媒内容变得更容易制作、传播和访问。高速互联网、智能手机和云计算等技术的普及使信息能够以更多样化的形式传播。

社交媒体的崛起：社交媒体平台的快速发展为用户提供了分享和传

播信息的强大工具。这些平台允许个人、机构和品牌在全球范围内与受众互动。

移动设备的普及：智能手机和平板电脑的广泛普及意味着受众可以随时随地访问多种多样的媒体内容。这为融媒体平台传播提供了更多的机会。

受众需求的变化：现代受众需求更加多样化，他们希望能够以自己喜欢的方式获取信息和娱乐。融媒体平台传播允许受众自主选择他们喜欢的媒体渠道和内容形式。

（二）融媒体平台传播对播音与主持行业的影响

融媒体平台传播对播音与主持行业产生了深远的影响，从业务模式到内容制作和市场竞争都发生了变化。

1.融媒体平台业务模式

融媒体平台不再依赖于传统媒体渠道，如电视和印刷媒体，而是将业务扩展到多个媒体平台上。这意味着他们需要开发和管理多种不同的内容格式，以满足不同平台上的受众需求。融媒体平台也需要考虑如何在多平台传播中实现盈利，包括广告、订阅和赞助等不同的收入来源。

2.融媒体平台上内容多样性

融媒体平台传播鼓励融媒体中心制作多样性的内容，包括文字、图片、音频和视频等多种形式。这为内容制作人员提供了更大的创作空间和创新机会。然而，这也需要他们具备跨足不同媒体领域的技能，以确保内容在各种平台上呈现出色。

3.受众生成内容

融媒体平台传播也促进了受众生成内容的兴起。社交媒体和视频分享平台允许个人和小团队分享自己的观点和创作，这为传媒行业引入了新的内容来源。平台需要与用户生成内容协同工作，同时也需要更加小心地筛选和验证用户生成内容，以确保准确性和可信度。

4.数据分析和个性化

多平台传播使融媒体能够更好地了解受众的需求和偏好。通过数据分析和用户反馈，他们可以调整和个性化内容，以满足不同受众的兴趣。这有助于提高受众的满意度，增加忠实度，同时也有助于广告商更精确地定位他们的目标受众。

5. 融媒体合作和竞争

融媒平台传播使媒体间更频繁地合作，以扩大他们的受众和影响力。这也加剧了竞争，因为不同媒体之间争夺相同的受众和广告资金。传媒公司需要在竞争中寻找机会，并与合适的合作伙伴建立战略合作关系。

(三) 融媒体平台传播对受众的影响

融媒体平台传播为受众提供了更多的选择和便利，但也带来了一些挑战。

1. 更多的选择

受众可以根据自己的需求和喜好选择他们喜欢的媒体渠道和内容形式。他们可以通过电视观看新闻，通过社交媒体关注时事，通过移动应用收听播客，或者通过在线视频平台观看娱乐节目。这为受众提供了选择的多样性和灵活性，使他们能够根据自己的兴趣和时间表定制自己的媒体体验。

2. 信息过载

然而，多平台传播也带来了信息过载的问题。受众可能在不同平台上获取大量信息，导致信息分散和混乱。他们需要处理不同平台上的信息和观点，以确定哪些是可信的、有价值的和相关的。这需要受众具备信息筛选和评估的能力，以应对信息过载。

3. 精准定位和个性化

多平台传播也允许媒体公司更精准地定位受众，根据他们的行为和兴趣提供个性化的内容和广告。这可以提高受众的满意度，但也引发了隐私和数据安全的问题。受众需要更多地了解他们的数据如何被使用，并有权控制他们的数据。

(四) 融媒体平台传播对社会的影响

融媒体平台传播不仅影响了传媒行业和受众，还对社会产生了广泛影响。

1. 文化交流和全球化

融媒体平台传播促进了文化交流和全球化。人们可以轻松访问来自世界各地的内容，了解不同文化和观点。这有助于促进跨文化理解和国际合作，但也带来了文化冲突和价值观之间的摩擦。

2. 隐私和数据安全

融媒体平台传播引发了隐私和数据安全的问题。个人信息和行为数据在互联网上被广泛收集和使用，引发了隐私泄露和数据滥用的担忧。社会需要更好地保护个人数据和建立数据隐私法规。

二、融媒体平台制作和推广策略

随着互联网的快速发展和普及，融媒体平台制作和推广策略已经成为企业成功的关键因素之一。不同的平台为不同的受众提供了各种各样的机会，因此，制定并执行一个跨平台的战略变得至关重要。在本节中，我们将探讨融媒体平台制作和推广策略的重要性以及一些成功的实施方法。

（一）融媒体平台制作策略

融媒体平台制作策略是指将内容制作适应多种不同平台的需求和规范。这包括网站、社交媒体、应用程序、视频平台等。以下是一些关键的制作策略：

融媒体内容制作：不同平台对融媒体内容的需求各不相同，制作融媒体内容以满足不同平台的需求是至关重要的。

响应式设计：确保网站和应用程序在不同设备上都能够良好呈现，这包括桌面电脑、平板电脑和手机。采用响应式设计可以提高用户体验，增加流量和留存率。

SEO 优化：为了在各种搜索引擎上获得更好的排名，确保内容受益于搜索引擎优化（SEO）。这包括关键词研究、内容优化和建立高质量的反向链接。

用户生成内容：鼓励用户生成内容，例如评论、评分和社交分享。这可以增加用户参与度，增加品牌曝光度，并提高社交分享率。

定期更新：保持内容的新鲜和有吸引力，定期发布新内容，回应用户反馈，以及关注当前的趋势和话题。

（二）融媒体平台推广策略

融媒体平台推广策略是指将内容有效地传播到各种不同的平台，以吸引更多的受众和潜在客户。以下是一些成功的融媒体平台推广策略：

社交媒体广告：社交媒体平台可以帮助精确定位目标受众。通过定向广告，可以将内容传播给潜在客户，并提高转化率。

合作伙伴关系：建立合作伙伴关系可以帮助广告内容传播到更多的平台。与相关行业领导者和相关企业合作，可以互相推广，并扩大受众范围。

内容营销：使用博客、电子书、白皮书等内容来吸引受众，并建立专业形象。内容营销可以帮助广告获得更多的有机流量，提高品牌知名度，并增加潜在客户。

电子邮件营销：构建邮件列表，与潜在客户和现有客户保持联系，定期发送有价值的内容和优惠信息。电子邮件营销可以增加客户忠诚度，提高销售。

口碑营销：鼓励现有客户分享他们的正面体验，通过社交媒体和口碑传播品牌。口碑营销是一种强大的推广方式，可以增加信任和认可度。

融媒体平台制作和推广策略已经成为企业成功的关键因素之一。通过制定适应不同平台的内容和采用多样化的推广策略，企业可以扩大其受众范围，提高品牌知名度，增加销售和增加客户忠诚度。在这个数字时代，跨多平台的战略不仅仅是一种选择，而是一种必需，以在激烈的市场竞争中脱颖而出。

第二节 融媒体时代播音与主持的互动性特点

一、互动性的概念与重要性

互动性是一个广泛应用于各个领域的概念，它强调了人与人、人与技术以及人与环境之间的相互作用和沟通。无论是在社交媒体、教育、娱乐、商业还是科学领域，互动性都起着至关重要的作用。本节将探讨互动性的概念和其在不同领域中的重要性。

（一）互动性的概念

互动性是一个多维度的概念，包括以下关键元素：

互动行为：互动性涉及到人们之间的相互作用和沟通，这可以包括面对面的对话、社交媒体上的互动、虚拟环境中的互动等。这些行为可以是双向的，也可以是多向的，涉及到信息的传递、分享、回应和合作。

反馈和响应：互动性通常伴随着反馈和响应。当一个个体或实体与其他人或系统互动时，他们通常期望得到某种形式的反馈或响应，这有助于确认信息的传递和理解。

意义和目的：互动性往往有一个明确的目的或目标。人们进行互动通常是为了达到某种特定的目标，例如获取信息、解决问题、建立关系、分享观点等。互动性可以通过不同的方式来实现这些目标，例如交流、合作、竞争等。

多样性：互动性可以表现为多种形式，包括口头交流、书面交流、非语言交流、图像和声音传输等。这种多样性使得互动更具丰富性，能够适应不同的情境和需求。

技术媒介：随着技术的不断发展，互动性已经扩展到了虚拟和数字领域。人们可以通过互联网、社交媒体、虚拟现实等各种技术媒介进行互动。

这些媒介提供了新的方式来实现互动，同时也带来了新的挑战和机会。

互动性的概念不仅适用于人与人之间的交流，还适用于人与技术、人与环境之间的互动。例如，人机互动研究了人类与计算机系统之间的交互作用，而互动设计关注如何创建用户友好的数字产品和界面。

（二）互动性的重要性

互动性在各个领域中都具有重要性，下面将探讨其在不同领域中的作用：

社交媒体：社交媒体平台是互动性的天堂，它们允许人们在线交流、分享和建立社交网络。互动性在社交媒体上起着至关重要的作用，它促进了信息的传递、社交关系的建立，同时也提供了广告和营销的机会。社交媒体的成功与互动性的程度密切相关，因为用户通常更愿意与那些能够提供有趣、有价值的互动体验的品牌和个人互动。

教育：互动性在教育领域中具有巨大的潜力。通过引入互动元素，教育可以更吸引学生，提高学习效果。互动式教学方法，如小组讨论、问题解决活动和在线学习平台，可以使学生更积极地参与学习过程，增强他们的理解和记忆。

娱乐：娱乐产业依赖于互动性来吸引观众和玩家。电影、电视节目、视频游戏和体验式娱乐等媒体形式都通过互动性来提供更加引人入胜的体验。观众和玩家可以选择不同的情节和选项，以影响故事的发展，这增加了娱乐的参与度和个性化。

商业：在商业领域，互动性对于客户关系管理和市场营销至关重要。企业可以通过与客户建立互动关系，了解他们的需求和反馈，从而改进产品和服务。互动性还可以通过在线销售、客户支持聊天和社交媒体互动来促进销售和品牌忠诚度。

科学和研究：在科学和研究领域，互动性有助于合作、数据收集和实验。研究人员可以通过合作互动来推进科学知识的发展。同时，虚拟实验室和模拟系统也提供了互动性的机会，以模拟和测试各种假设。

政府和公共事务：政府和公共事务领域也受益于互动性。政府可以通过互动平台与公民沟通，征求他们的意见和反馈，同时也可以提供在线服务。互动性可以增加政府的透明度和民主性，同时也可以改进公共政策和服务。

艺术和文化：互动性在艺术和文化领域中起着重要的作用。数字艺术作品、互动展览和虚拟博物馆都提供了观众与作品之间的互动体验。观众可以参与到艺术作品中，改变其形式和含义，从而创造出独特的个人体验。

互动性的重要性在于它能够提供更丰富、更有意义的体验，并促进信息的传递和合作。它不仅改变了我们与世界互动的方式，还为创新和发展提供了无限的可能性。下面是互动性的一些重要方面：

提高参与度：互动性可以提高人们的参与度，使他们更积极地参与到不同的活动中。这对于教育、娱乐和社交栏目都至关重要，因为它能够吸引人们的兴趣，使他们更愿意参与。

个性化体验：互动性可以提供个性化的体验。人们可以根据自己的兴趣、需求和喜好来参与和定制互动体验。这有助于满足不同人群的多样化需求。

信息传递和分享：互动性可以促进信息的传递和分享。通过互动，人们可以更轻松地与他人交流、分享观点和知识。这对于社交媒体、在线教育和团队协作非常重要。

解决问题和创新：互动性鼓励人们一起解决问题和创新。通过协作和讨论，人们可以共同找到解决方案，并创造新的想法和产品。这对于科学研究、商业和技术创新非常重要。

用户体验：互动性是提高用户体验的关键因素。无论是在数字产品、网站、应用程序还是现实世界的环境中，互动性都能够提供更具吸引力和有趣的用户体验。这有助于品牌建设和提升客户满意度。

数据收集和分析：通过互动，可以收集大量的数据，这对于分析和决策制定非常重要。数据分析可以帮助人们更好地了解受众需求、行为模式和趋势，从而更好地满足他们的需求。

改进决策和政策：互动性可以改进决策和政策制定。政府可以通过与公民互动来了解他们的需求和关切，从而制定更具针对性的政策。企业可以通过与客户互动来改进产品和服务，提高竞争力。

总之，互动性是一个跨领域的关键概念，它具有重要性，因为它促进了人们之间的交流和合作，提高了参与度，推动了创新和发展。无论是在社交媒体、教育、商业、科学还是其他领域，互动性都发挥着不可替代的作用，塑造着我们的世界和未来。随着技术的不断发展，互动性将继续演变和扩展，为我们带来更多的机会和挑战。

二、社交媒体和直播的互动特点

社交媒体和直播技术的兴起已经彻底改变了人们的信息传播和娱乐方式，同时也深刻影响了商业、社交、教育等多个领域。本节将深入探讨社交媒体和直播的互动特点以及它们在不同领域中的应用。

（一）社交媒体的互动特点

社交媒体是一种在线平台，允许用户创建、分享和交流内容，同时也允许用户之间互动。以下是社交媒体的一些重要互动特点：

用户生成内容：社交媒体鼓励用户生成和分享内容，包括文字、图片、视频等。这使得用户成为信息的创作者，而不仅仅是接收者。用户生成的内容使社交媒体充满了多样性和新鲜感，从而吸引更多的参与者。

社交连接：社交媒体的核心是建立和维护社交关系。用户可以关注、点赞、评论、分享和私信其他用户，这些社交互动促进了人际关系的建立和维护。社交媒体的用户通常会将其亲朋好友、同事、偶像、行业专家等连接到自己的社交网络中，从而与他们保持联系。

即时互动：社交媒体提供了即时互动的平台。用户可以随时发表评论，回应他人的帖子，或与其他用户进行实时聊天。这种即时性增加了社交媒体的动态性和吸引力。

多媒体内容：社交媒体支持各种多媒体内容，包括图片、视频、音频等。这种多样性使得用户可以更生动地表达自己，吸引更多的注意力。视觉和听觉元素对于传达信息和情感非常重要。

用户参与和反馈：社交媒体鼓励用户参与和提供反馈。用户可以在帖子下方留言、点赞、分享，也可以通过调查、投票和问答等功能提供反馈。这有助于用户表达他们的观点，参与话题讨论，同时也让内容创建者更好地了解受众需求。

数据分析和个性化推荐：社交媒体收集大量数据，这使得它们能够更好地了解用户的兴趣和行为。基于这些数据，社交媒体平台可以提供个性化的内容推荐，满足用户的需求。这也有助于企业和广告商更好地定位受众，提供有针对性的广告。

社交媒体的互动特点在不同领域中都具有广泛的应用：

商业：企业可以使用社交媒体与客户互动，建立品牌忠诚度，提供客户支持，了解市场趋势，并进行广告和市场推广。

教育：社交媒体可以用于教育，促进学生之间的合作和讨论，扩大学生的知识网络，并提供在线学习资源。

政府：政府可以使用社交媒体与公民互动，征求意见，提供政府服务，并提高政府的透明度和民主性。

娱乐：社交媒体在娱乐领域广泛应用，包括电影、电视、音乐和游戏。明星和娱乐公司可以与粉丝互动，提供幕后花絮和特别活动。

（二）直播的互动特点

直播是一种实时传输和互动的媒体形式，它允许内容创作者实时向观众展示和分享内容，同时观众可以通过评论、点赞和礼物等方式与内容创作者互动。以下是直播的一些重要互动特点：

实时性：直播是实时的，内容创作者和观众可以即时互动。观众可以观看内容创作者的实时表演，与他们进行实时聊天，提问，或者表达观点。

即时反馈：观众的即时反馈对于内容创作者来说至关重要。观众可以通过评论和点赞来表达他们的意见和喜好，这种反馈可以影响内容的展示方式和方向。

礼物和打赏：一些直播平台允许观众向内容创作者发送虚拟礼物或进行打赏。这种形式的互动不仅可以激励内容创作者，还可以提供观众与内容创作者之间的经济交流。

互动游戏：一些直播内容包括互动游戏，观众可以通过投票、答题、竞猜等方式参与游戏，增加娱乐性和参与度。

融媒体平台传播：直播内容通常可以在不同的社交媒体平台上传播，观众可以通过多种途径观看和参与直播。这为内容创作者提供了更广泛的受众范围。

弹幕和互动功能：一些直播平台提供了弹幕和互动功能，观众可以在屏幕上发送实时弹幕评论，与其他观众互动，同时还可以与内容创作者进行互动。这种实时文字互动增加了观众之间的交流和参与度。

融媒体内容：直播内容通常包括视频和音频元素，观众可以通过观看、听取和互动来获取信息和娱乐。内容创作者可以使用各种融媒体工具来吸引观众，如音乐、特效、图形等。

直播的互动特点在不同领域中都具有广泛的应用：

游戏：直播游戏已经成为一种大热门，游戏玩家通过直播平台与观众互动，分享他们的游戏经验、技巧和趣闻。观众可以观看游戏实时表演，与玩家互动，甚至参与游戏决策。

娱乐：明星和艺术家可以使用直播平台与粉丝互动，展示他们的日常生活、音乐表演和幕后花絮。观众可以在直播期间与明星互动，送礼物和打赏。

教育：教育者可以通过直播平台提供实时教学，学生可以观看课程并进行提问，进行小组讨论，提高学习互动性。

体育：体育赛事也可以通过直播平台传播，观众可以观看比赛实况，与其他粉丝互动,讨论比赛结果,提高赛事的社交互动性。

商业和营销:一些企业和品牌使用直播平台来进行产品展示、促销和互动推广。观众可以与品牌代表互动,了解产品特点,提出问题,购买产品,并获得奖励。

综上所述,社交媒体和直播都具有独特的互动特点,这些特点在各个领域中都具有广泛的应用。社交媒体强调用户生成的内容、社交连接和数据分析,而直播则强调实时性、即时反馈和多媒体内容。这些互动特点丰富了人们的日常生活,改变了信息传播和娱乐方式,同时也为商业、教育、娱乐等领域提供了新的机会和挑战。随着技术的不断发展,社交媒体和直播的互动特点将继续演变,为未来带来更多创新和变革。

第三节 跨媒体合作与内容整合

一、跨媒体合作的意义与优势

随着信息和通信技术的不断发展,媒体环境也发生了巨大的变化。传媒行业已经从传统的印刷媒体、广播和电视向数字媒体、社交媒体和互联网转变。在这个媒体多元化和高度互联网化的时代,跨媒体合作变得越来越重要。本节将探讨跨媒体合作的意义与优势,以及它对各种行业和领域的影响。

(一)跨媒体合作的意义

提供多元化的信息来源:跨媒体合作可以帮助受众获取来自不同媒体的信息和观点。这有助于消除信息的单一来源,使受众能够更全面地了解问题和事件。

提高新闻报道的深度和广度:在跨媒体合作中,不同媒体可以共享资源和信息,从而提高新闻报道的深度和广度。例如,一个新闻故事可以由报纸、电视、广播和在线新闻平台联合报道，提供更多的信息和视角。

促进新闻品质和可信度：跨媒体合作可以促进新闻品质和可信度的提高。不同媒体之间的监督和互相审查可以降低错误和失实报道的风险，增加可信度。

提高信息传播的效率：跨媒体合作可以提高信息传播的效率。新闻内容可以更迅速地传播到不同的平台和受众中，使信息能够更广泛地传播。

提高新闻行业的可持续性：新闻行业正面临来自数字媒体和社交媒体的竞争压力。跨媒体合作可以帮助新闻机构降低成本、扩大受众和保持竞争力，从而提高可持续性。

(二) 跨媒体合作的优势

丰富的资源和专业知识：不同媒体合作可以共享各自的资源和专业知识。这包括记者、编辑、摄影师、摄像师等。合作可以提供更多的资源，使新闻报道更全面、深入。

更广泛的覆盖面：跨媒体合作可以扩大新闻报道的覆盖面。不同媒体的报道可以覆盖不同的地理区域和受众群体，从而提高新闻报道的广度。

多角度报道：合作可以帮助提供多角度的报道。不同媒体可以提供不同的观点和分析，使受众能够更全面地了解问题。

新颖的报道形式：不同媒体可以提供不同的报道形式，包括文字、图片、视频、音频等。这有助于吸引不同类型的受众，提高报道的吸引力。

提高品质和可信度：跨媒体合作可以提高新闻报道的品质和可信度。不同媒体之间的互相监督和审查可以降低错误和失实报道的风险，增加可信度。

创新和实验：合作可以鼓励创新和实验。不同媒体可以共同探索新的报道形式、技术工具和业务模式，从而推动新闻行业的发展。

(三) 跨媒体合作的应用领域

跨媒体合作不仅在新闻行业中有意义，还在各种领域中发挥作用。以下是一些应用领域的例子：

娱乐业：电影制作、音乐产业和电视节目制作都可以通过不同媒体的合作来提供更全面和多样化的娱乐体验。例如，电影可以与电子游戏、小说和音乐相结合，以扩大受众和增加品牌价值。

教育领域：教育机构可以与不同媒体合作，提供多媒体教育内容，包括在线课程、教科书、教育应用程序等。合作可以提供更多的教育资源和工具，以满足不同学习需求。

政府和公共事务：政府和公共事务机构可以与媒体合作，提供政府政策、社会项目、法律法规等信息。这有助于提高政府的透明度，促进公众参与和合作。

商业和市场营销：商业和市场营销领域可以通过与不同媒体的合作来扩大市场和推广产品和服务。合作可以提供更多的广告渠道和宣传方式，以吸引更多的客户。

社会问题和慈善事业：社会组织和慈善机构可以与媒体合作，提高社会问题的意识，筹集资金和支持慈善事业。合作可以提供更多的传播途径和参与机会，以推动社会变革。

科学和技术：科学和技术领域可以通过与媒体的合作来推广科学发现和技术创新。合作可以帮助科学家和工程师与公众分享他们的工作，增加科学知识和科技意识。

综上所述，跨媒体合作具有重要的意义和优势。它可以提供多元化的信息来源，提高新闻报道的深度和广度，促进新闻品质和可信度，提高信息传播的效率，提高新闻行业的可持续性。跨媒体合作不仅在新闻行业中有意义，还在娱乐、教育、健康、政府、商业、社会管理、科学和技术等领域中发挥作用。通过合作，不同媒体可以共享资源和知识，提供更广泛的覆盖面、多角度报道和新颖的报道形式，以提高品质和可信度，创新和实验。随着技术的不断发展和媒体环境的不断演化，跨媒体合作将继续发挥重要作用，满足不断变化的受众需求。

(四）跨媒体合作方式

1. 融媒体内容制作

跨媒体合作通常以融媒体内容制作为主要方式。这意味着将文字、图片、音频、视频等不同形式的媒体元素结合在一起，以创建更为丰富和吸引人的内容。例如，新闻网站可以在文章中嵌入视频报道，音频采访和互动图表，以提供更全面的信息。这种融媒体内容制作的协作方式可以丰富受众的媒体体验，同时也可以吸引更多的读者或观众。

2. 跨平台推广

跨媒体合作还可以通过跨平台推广来实现。这意味着将相同的内容或主题在不同的媒体平台上推广，以扩大受众群体。例如，一个电视节目可以通过社交媒体、博客和移动应用程序来进行推广，以吸引更多的观众。跨平台推广可以增加内容的曝光度，提高知名度，并加强不同媒体形式之间的互动。

3. 互动性和用户生成内容

互动性是跨媒体合作的关键要素之一。通过社交媒体平台、在线论坛和用户评论，受众可以与内容创作者互动，提供反馈和意见。此外，用户生成的内容也可以与传统媒体形式进行协作。例如，电视节目可以利用观众的照片、视频和评论来增强互动性和参与感。这种协作方式不仅提高了受众的满意度，还可以创造更丰富的内容。

4. 故事跨媒体传播

跨媒体故事叙述是跨媒体合作的一个有趣方向。这种方法涉及到在不同媒体上讲述一个故事的不同部分，以增加受众的参与度和好奇心。例如，一个电影可以与一个电子游戏、一本小说和一个博客一起发布，以展示故事的不同侧面和角度。这种协作方式可以吸引不同类型的受众，提高故事的传播力。

（五）跨媒体合作的影响

跨媒体合作对创作者、受众和媒体行业都产生了深远的影响。

1. 创作者

对于创作者来说，跨媒体合作提供了更大的创作自由度和创新机会。他们可以更自由地选择不同的媒体形式，以更好地传达他们的想法和故事。此外，协作还可以帮助创作者扩大他们的受众，提高知名度，并增加创作的影响力。创作者可以更轻松地与其他领域的专家和创作者合作，以共同创作更为复杂和多样化的作品。

2. 受众

对于受众来说，跨媒体合作提供了更丰富和多元化的媒体体验。他们可以从融媒体上获得更多的信息和娱乐，同时也可以更多方面参与到内容创作和互动中。受众可以通过社交媒体与创作者互动，分享他们的意见和体验，以及参与到用户生成内容中。这种互动性和参与感增强了受众的满意度，使内容创作者和社区与受众的情感连接更加深刻。

3. 媒体行业

媒体行业也受益于跨媒体合作。首先，这种协作方式扩大了广告和营销的机会。广告商可以在不同的媒体形式上投放广告，以吸引更多的受众。此外，媒体公司可以开发新的商业模式，如订阅服务、跨媒体合作和内容授权，以实现更多的营收。媒体行业也可以通过数据分析和用户反馈来更好地理解受众的需求，以改进内容和增强受众吸引力。

（六）跨媒体合作的挑战

尽管不同媒体形式之间的协作带来了众多好处，但也存在一些挑战和问题。其中包括：

版权和内容授权问题：不同媒体形式之间的协作可能涉及到版权和内容授权的复杂问题。创作者和媒体公司需要明智地管理这些问题，以避免法律纠纷。

技术和资源要求：实施不同媒体形式之间的协作需要适当的技术和资源。这可能对创作者和媒体公司构成一定的挑战。

受众反馈和参与管理：互动性和用户生成内容可以为创作者和媒体公

司带来重要的反馈，但也需要管理和维护，以确保积极的受众互动。

二、内容整合与一体化传播

在当今数字化时代，内容整合和一体化传播已经成为媒体和营销领域的重要趋势。这两个概念涉及到在不同媒体渠道上传播信息和故事，以实现更广泛的受众覆盖和提高品牌知名度。然而，尽管内容整合和一体化传播的概念非常有吸引力，但实施它们也面临一些挑战和困难。本节将探讨这些挑战，以及如何克服它们。

（一）内容整合与一体化传播的定义

内容整合是指将不同媒体和渠道上的信息和故事结合在一起，以创造一致和有连贯性的品牌形象。这种方法允许品牌或组织通过多种媒体形式传播其信息，以提高品牌知名度和影响力。内容整合强调信息一致性和受众体验的连贯性，以确保受众能够在不同媒体渠道上获得相似的信息和感受。

一体化传播是指将不同媒体渠道和传播方式协同使用，以提供一致的信息和故事。这种方法旨在消除媒体渠道之间的障碍，以实现更高效的传播和更广泛的受众覆盖。一体化传播强调协同合作和协调管理，以确保品牌或组织的信息能够在多个媒体上无缝传播。

内容整合和一体化传播通常是相互关联的概念，它们强调了信息的一致性和连贯性，以实现更广泛的传播和更高效的营销效果。

（二）内容整合与一体化传播的挑战

尽管内容整合和一体化传播的概念具有吸引力，但它们在实际实施中面临一些挑战。以下是一些主要挑战：

多媒体复杂性：不同媒体渠道和传播方式之间存在巨大的多样性。每个媒体形式都有其自己的规则和要求，包括文本、图像、音频和视频等。为了实现内容整合和一体化传播，品牌或组织必须能够有效地管理和协调这些不同的媒体元素。

受众多样性：不同受众在不同媒体上的行为和期望也存在差异。品牌或组织必须了解其目标受众，以确定如何在不同媒体上传播信息。这需要细致的受众分析和市场调查，以确保内容整合和一体化传播能够满足不同受众的需求。

内容一致性：保持信息和故事的一致性是内容整合和一体化传播的关键挑战。不同媒体渠道和团队可能会产生不同版本的内容，这可能导致信息混乱和品牌形象的损害。品牌或组织必须建立明确的信息和品牌标准，以确保内容一致性。

管理和协调：实施内容整合和一体化传播需要有效的管理和协调。品牌或组织必须能够跨不同部门和团队协同合作，以确保信息在不同媒体上得到正确传播。这可能需要投资于项目管理和协同工具，以简化流程。

数据分析和度量：内容整合和一体化传播需要有效的数据分析和度量。品牌或组织必须能够追踪不同媒体渠道上的表现，以确定哪些策略和内容最有效。这可能需要投资于分析工具和技术，以提高决策的准确性。

技术和资源：实施内容整合和一体化传播需要适当的技术和资源。这可能包括建立和维护多媒体内容管理系统，培训团队，以及开发和维护多个媒体渠道。这需要相当的投资和资源。

市场竞争：市场竞争激烈，不同品牌和组织都在追求内容整合和一体化传播。这可能导致信息过度饱和和受众疲劳。品牌或组织必须找到创新的方法来吸引和保留受众，以脱颖而出。

（三）克服内容整合与一体化传播的挑战

虽然内容整合和一体化传播面临许多挑战，但可以采取一系列策略来克服这些挑战：

制定清晰的战略：品牌或组织应制定明确的内容整合和一体化传播战略，包括受众分析、信息一致性、媒体选择和度量标准。这可以帮助确保一致性的执行。

投资于技术和培训：为了应对多媒体复杂性和技术挑战，品牌或组织应投资于适当的技术和培训。多媒体内容管理系统和数字营销工具可以提高效率和协调，而培训团队可以提高他们的技能和知识。

管理一致性：建立信息和品牌标准，并确保不同团队和媒体渠道都遵循这些标准。定期审核内容，以确保一致性，并建立反馈机制，以便及时纠正错误。

数据分析和度量：建立强大的数据分析和度量体系，以追踪不同媒体渠道上的表现。通过了解哪些策略和内容最有效，品牌或组织可以不断优化它们的传播方式。

协同合作：鼓励不同部门和团队之间的协同合作，以确保信息在不同媒体上得到正确传播。使用协同工具和项目管理系统来简化流程，并提高协调能力。

受众导向：深入了解目标受众的需求和行为，以确定如何在不同媒体上传播信息。个性化和定制化内容可以更好地满足受众的需求，提高受众参与度。

创新和差异化：在竞争激烈的市场中，品牌或组织需要找到创新的方式来吸引和保留受众。通过提供独特的内容和体验，它们可以脱颖而出。

监测竞争对手：了解竞争对手的策略和实践，以获取灵感和洞察。监测市场趋势和新兴技术也有助于保持竞争优势。

不断学习和改进：内容整合和一体化传播是一个不断演化的过程。品牌或组织应保持灵活性，随时调整战略和实践，以适应不断变化的媒体环境。

总之，内容整合和一体化传播是媒体和营销领域的关键趋势，有助于提高品牌知名度和影响力。尽管它们面临各种挑战，但采取适当的策略和实践可以克服这些挑战，实现更高效的传播和更广泛的受众覆盖。通过清晰的战略、投资于技术和培训、管理一致性、数据分析和度量、协同合作、受众导向、创新和差异化、监测竞争对手以及不断学习和改进，品牌或组织可以成功地实施内容整合和一体化传播，实现营销目标。

第四节 创新技术与播音主持

一、新技术对媒体行业的影响

在数字化时代，新技术对媒体行业产生了深刻的影响。随着科技不断进步，传媒行业已经经历了巨大的变革，从传统媒体如电视、广播和印刷媒体，到互联网和移动媒体的崛起。新技术已经改变了媒体的生产、分发和消费方式，影响了新闻、娱乐、广告和社交等各个方面。本节将深入探讨新技术对媒体行业的影响，包括其对内容创作、传播方式、商业模式和受众互动的影响。

（一）新技术对内容创作的影响

融媒体内容制作：新技术已经赋予了媒体创作者更多的创作自由度和多样性。他们可以使用文字、图片、音频、视频、虚拟现实等多种媒体元素来创作更为丰富和多元化的内容。这种融媒体内容制作的能力提高了内容的吸引力和互动性，吸引了更多的受众。

自动化和智能化：人工智能和机器学习等新技术已经在内容创作中扮演着重要的角色。自动化工具可以用来生成新闻报道、分析数据、编辑内容和管理社交媒体账户等任务。这不仅提高了效率，还可以减少人力成本，使创作者能够更专注于创意工作。

数据驱动的内容：新技术使媒体行业能够更好地理解受众的需求和兴趣。数据分析工具和人工智能可以用来追踪受众的行为、收集反馈、预测趋势和优化内容。这使得内容可以更加个性化和有针对性，满足受众的期望。

用户生成内容：社交媒体和在线平台已经使用户成为内容创作者的一

部分。用户可以分享照片、视频、评论、博客和社交媒体帖子，与其他用户互动，甚至参与新闻报道。这种用户生成的内容为媒体行业带来了更多的多样性和参与感。

（二）新技术对传播方式的影响

互联网和社交媒体：互联网和社交媒体已经成为信息传播的主要平台。人们可以通过网站、应用程序和社交媒体平台轻松访问新闻、视频、音频和博客等内容。这种无处不在的传播方式改变了信息获取和传播的方式。

移动设备：智能手机和平板电脑的普及使信息随时随地都可以访问。移动应用程序和移动友好的网站已经成为媒体行业的重要一部分，提供了更便捷的用户体验。

虚拟现实和增强现实：虚拟现实（VR）和增强现实（AR）技术正在改变媒体消费的方式。这些技术可以用来创造沉浸式的体验，如虚拟旅游、虚拟演出和虚拟培训。

（三）新技术对商业模式的影响

广告模式的变革：互联网和社交媒体的崛起已经改变了广告模式。传统广告模式如电视广告和印刷广告正在受到挑战，而数字广告和社交媒体广告等新模式正快速增长。广告商可以更精准地定位受众，并追踪广告效果。

订阅服务：许多媒体公司已经采用订阅模式，为受众提供高质量的内容，而不依赖于广告收入。这种模式提供了稳定的收入来源，使媒体公司能够制作更多原创内容。

付费内容：一些媒体公司已经开始提供付费内容，如专业新闻、杂志和专业视频。这种模式可以提供高质量的内容，同时减少对广告收入的依赖。

（四）新技术对受众互动的影响

社交媒体互动：社交媒体平台已经成为受众互动的主要场所。用户可以分享评论、点赞、转发和与其他用户互动。这种互动性可以增加受众的参与感，使他们更紧密地连接到内容创作者和媒体机构。

用户生成内容：新技术使用户能够轻松地创建和分享自己的内容。用户生成的视频、照片、博客和社交媒体帖子可以吸引更多的关注和互动。一些媒体公司甚至与用户合作，以获取用户生成的内容，并将其整合到他们的平台上。

互动式内容：虚拟现实、增强现实和交互式应用程序可以提供更具互动性的内容体验。用户可以与内容互动，探索虚拟环境，并参与到故事情节中。这种互动性可以增加用户的参与感和忠诚度。

数据驱动的受众分析：新技术使媒体公司能够更好地了解他们的受众。数据分析工具可以追踪受众的行为和兴趣，帮助媒体公司更好地满足他们的需求。这可以导致更有针对性的内容和更高的参与度。

（五）新技术带来的挑战

尽管新技术对媒体行业带来了许多机会，但也带来了一些挑战：

品质和可信度：互联网上存在大量的信息和内容，其中包括虚假信息和不准确的报道。这对媒体行业的品质和可信度构成了挑战。媒体公司需要采取措施来验证信息的准确性，以保持可信度。

收入模式的变化：传统广告模式受到新技术的挑战，而一些新的收入模式如订阅和付费内容需要时间来建立。媒体公司需要找到平衡，以确保持续的资金来源。

隐私和数据保护：新技术引发了关于隐私和数据保护的问题。用户的个人数据需要受到充分的保护，同时媒体公司也需要遵守相关法规和法律。

竞争激烈：互联网和社交媒体平台上存在大量的内容创作者和媒体机构，竞争非常激烈。媒体公司需要找到创新的方式来吸引受众，以脱颖而出。

技术投资：新技术需要不断的投资和更新，这对一些小型媒体公司可能构成财务负担。同时，技术的快速演进也要求媒体公司不断跟进。

二、创新技术对节目制作和传播的改变

随着科技的不断进步，媒体和娱乐行业也发生了巨大的变革。新兴的创新技术正在改变着节目制作和传播的方式，创造了更多的机会和挑战。本节将深入探讨创新技术对节目制作和传播的改变，包括虚拟现实、增强现实、人工智能、云计算和5G网络等技术的应用。

（一）虚拟现实（VR）和增强现实（AR）的应用

节目创作和体验：虚拟现实和增强现实技术为内容创作者提供了新的创作和展示方式。虚拟现实可以让观众沉浸在虚构的世界中，而增强现实可以将虚拟元素叠加到现实世界中。这为电影、电视、游戏和互动媒体提供了更多的创意空间。

互动性：虚拟现实和增强现实还增加了节目的互动性。观众可以参与到虚拟世界中，与角色互动、解决谜题或探索虚拟环境。这种互动性可以提高参与度，使观众更深入地投入到节目中。

虚拟现实体验：虚拟现实眼镜已经成为一种全新的娱乐方式。观众可以在虚拟现实电影中感受惊险刺激，也可以参加虚拟现实音乐会或体育比赛。这种虚拟现实体验为观众带来了全新的娱乐感受。

节目宣传和互动广告：虚拟现实和增强现实也为节目宣传和广告带来了创新。广告商可以创建虚拟现实广告或AR应用，与观众互动，传递更具吸引力的信息。

虚拟旅游和文化体验：虚拟现实和增强现实技术允许观众在不离开家的情况下探索世界各地的景点和文化遗产。这对于旅游节目和文化节目的制作和传播来说是一个重要的发展方向。

（二）人工智能（AI）的应用

内容生成：人工智能技术可以用于自动化内容生成。例如，AI可以生成新闻报道、文章、音乐和甚至剧本。这为媒体和娱乐制作提供了更多的

创作灵感和高效率。

内容推荐：人工智能在内容推荐方面发挥着关键作用。通过分析用户的兴趣和行为，AI可以为观众推荐个性化的节目和广告。这有助于提高观众的满意度和参与度。

内容分析：人工智能可以分析大量的媒体内容，以提取信息、情感和趋势。这可以帮助媒体公司更好地了解观众的需求和市场动向，从而做出更明智的决策。

视频编辑和特效：AI可以用于视频编辑和特效制作。它可以自动识别视频中的对象和场景，并进行自动剪辑、添加特效和改进画质。这可以提高后期制作的效率和质量。

语音助手和聊天机器人：语音助手和聊天机器人已经成为内容传播和互动的一部分。观众可以使用语音指令与内容互动，获取信息、执行任务或娱乐。

媒体监管和版权保护：人工智能也可以用于媒体监管和版权保护。AI可以自动检测侵权行为、虚假信息和违规内容，以维护内容制作和传播的规范。

（三）云计算的应用

远程制作和协作：云计算技术允许节目制作团队远程协作。制作团队可以在云端存储和分享大量的媒体文件，同时使用云计算资源进行后期制作和渲染。这提高了制作效率，减少了时间和地理限制。

内容存储和交付：云计算为内容存储和交付提供了便捷的解决方案。媒体公司可以将内容存储在云端，从而实现更灵活的内容管理和分发。观众可以随时随地访问节目和媒体内容。

流媒体服务：许多流媒体平台使用云计算来提供高质量的视频流。云计算资源可以动态分配，以应对不同观众数量和网络条件。这确保了观众可以流畅地观看内容。

数据分析和个性化推荐：云计算还用于数据分析和个性化推荐。媒体公司可以将大量的观众数据存储在云端,以分析观众的兴趣和行为。然后,他们可以使用这些数据来优化内容推荐算法,为观众提供更符合其口味的内容。

节目播出和直播:云计算技术也在节目播出和直播领域得到广泛应用。云服务器可以用于托管和管理直播活动,同时提供高可用性和弹性,以确保观众可以稳定观看直播内容。

(四) 5G 网络的应用

高清视频传输:5G 网络提供更大的带宽和更低的延迟,使高清视频传输更加流畅和高质量。这使得观众可以更轻松地观看 4K、8K 视频和虚拟现实内容。

移动直播和互动:5G 网络也促进了移动直播和互动媒体的发展。观众可以随时随地观看直播内容,与主持人和其他观众互动。这为媒体公司提供了更多的互动机会。

远程制作和协作:5G 网络的高速连接使远程制作和协作更加高效。制作团队可以远程编辑、共享和传输大量的媒体文件,而不受网络限制。

媒体云服务:5G 网络的高速连接也促进了媒体云服务的发展。媒体公司可以更轻松地将媒体内容存储在云端,并进行高速传输和处理。这为内容制作和传播提供了更多的灵活性。

(五) 挑战和未来展望

尽管创新技术对节目制作和传播带来了许多好处,但也面临着一些挑战和问题。其中一些挑战包括:

隐私和安全:随着更多的数据和内容存储在云端,隐私和安全问题变得尤为重要。媒体公司需要采取措施来保护用户数据和内容免受恶意攻击。

技术标准:不同的创新技术可能采用不同的标准和格式,这可能导致互操作性问题。行业需要更多的标准化和协作,以确保不同技术能够互相兼容。

版权和知识产权:在数字时代,版权和知识产权问题变得更加复杂。

媒体公司需要更好地管理和维护版权，以确保内容的合法传播。

尽管存在这些挑战，创新技术为媒体和娱乐行业带来了巨大的机遇。未来，我们可以期待更多的技术进步，如虚拟现实和增强现实的进一步发展，人工智能的更广泛应用，云计算和5G网络的普及。这将为节目制作和传播创造更多的可能性，同时也需要行业从业者不断适应和创新，以满足观众的需求和期望。随着科技的不断进步，媒体和娱乐行业将继续迎来新的变革和机遇，为观众提供更多多样化和个性化的内容。

第五节　融媒体时代的播音与主持职业发展与挑战

一、融媒体时代的职业机会

随着互联网和数字技术的飞速发展，融媒体已成为现代社会不可或缺的一部分。融媒体包括社交媒体、在线新闻、数字广告、流媒体、博客、播客等，它们已经彻底改变了我们获取信息、娱乐、社交互动和商业交易的方式。在这个融媒体时代，出现了各种各样的职业机会，涵盖了多个领域，本节将深入探讨融媒体时代的职业机会。

（一）数字内容创作

内容创作者：数字内容创作者是融媒体时代的明星。他们可以通过微博、微信、抖音、快手等平台分享自己的知识、技能、观点和娱乐内容，吸引粉丝和广告合作伙伴，实现经济价值。内容创作者的领域包括美食、旅行、时尚、科技、游戏、教育等，他们可以通过多种方式赚取收入，如广告收益、会员订阅、赞助和产品销售。

内容编辑和制作人：除了内容创作者，数字内容领域还需要内容编辑和制作人。内容编辑可以帮助提升内容的质量，确保文字、视频、音频等内容具有高质量和吸引力。制作人可以负责视频制作、音频录制、图形设计等,协助内容创作者制作专业的多媒体内容。

社交媒体经理:社交媒体经理负责管理和推广企业或品牌在社交媒体上的存在。他们需要制定社交媒体策略,创建有吸引力的内容,与粉丝互动,分析数据以改进表现。社交媒体经理可以在各种行业找到就业机会,包括市场营销、公共关系、品牌管理和媒体公司。

数据分析师:数据分析师在新媒体领域发挥着关键作用。他们负责收集、分析和解释数据,以了解受众行为、内容表现和市场趋势。数据分析师可以协助媒体公司做出更明智的决策,优化内容和广告策略。

搜索引擎优化专家:搜索引擎优化(SEO)专家帮助网站和内容在搜索引擎上排名更高,吸引更多的流量。他们需要了解搜索引擎算法,优化内容、标签和链接,以提高网站的可见性。SEO 专家在数字营销和网络出版等领域找到了就业机会。

(二)数字营销和广告

数字营销专家:数字营销专家负责制定和执行数字营销策略,包括搜索引擎营销(SEM)、社交媒体广告、电子邮件营销、内容营销等。他们需要了解受众行为和数字广告平台,以最大化广告投资的回报。

媒体购买员:媒体购买员负责购买广告空间和时间,以将广告展示给目标受众。他们需要谈判价格、选择媒体渠道,监测广告表现,并优化广告策略。媒体购买员可以在广告代理公司、媒体公司和品牌公司工作。

数据分析和广告技术:数字广告依赖于数据分析和广告技术,以优化广告投放。数据分析师可以分析广告效果,而广告技术专家可以开发广告技术工具和平台,以提高广告的精准性和效果。

创意广告人员:创意广告人员负责设计和制作吸引人的广告内容,包括广告文案、图像、视频和动画。他们需要具备创意思维和视觉艺术技能,以吸引观众的注意。

(三)新闻和新闻媒体

数字新闻记者:数字新闻记者负责报道新闻事件,并将其发布在在线新闻网站、社交媒体和移动应用程序上。他们需要快速而准确地撰写新闻稿件，采访专家和目击者，以及分析数据。

数据新闻分析师：数据新闻分析师结合数据分析技能和新闻报道，以创建数据驱动的新闻故事。他们可以使用数据可视化工具，如图表和地图，将复杂的数据呈现给受众。

社交媒体编辑：社交媒体编辑负责管理新闻媒体的社交媒体账户，与受众互动，分享新闻内容，提高新闻机构在社交媒体上的可见度。

在线编辑和校对：在线编辑和校对人员负责编辑新闻文章、博客帖子和其他数字内容，确保其语法正确、通顺和风格一致。他们还需要检查事实准确性和新闻报道的道德标准，以确保内容的质量和可信度。

融媒体经理：融媒体经理负责协调和管理新闻媒体的在线内容，包括新闻网站、社交媒体、移动应用程序和电子邮件通讯。他们需要制定数字战略，监测网站流量，管理社交媒体团队，并与广告部门合作以实现商业目标。

（四）**数字娱乐和游戏**

游戏测试员：游戏测试员负责测试游戏的功能、性能和可玩性，以识别和报告问题。他们可以帮助开发团队改进游戏，以确保用户体验更加流畅和有趣。

游戏社交媒体经理：游戏公司需要维护社交媒体账户，与玩家互动，分享游戏新闻、更新和活动。游戏社交媒体经理需要了解游戏社区，以满足玩家的需求和期望。

（五）**数字营销和电子商务**

电子商务经理：电子商务经理负责在线销售和营销策略。他们需要管理在线商店，制定定价策略、促销活动和物流。电子商务经理可以在电子商务公司、品牌公司和零售商工作。

数字营销专家：数字营销专家在电子商务中发挥着关键作用，帮助企业提高在线销售。他们可以使用搜索引擎营销、社交媒体广告、电子邮件营销和内容营销等策略，以吸引潜在客户和提高转化率。

电子商务分析师：电子商务分析师分析电子商务数据，以了解购物者的行为、购买趋势和销售绩效。他们可以帮助企业制定更有效的销售策略，并提高客户满意度。

（六）数字安全和隐私保护

数字安全专家：随着数字媒体和在线交易的增加，数字安全问题变得尤为重要。数字安全专家负责保护个人信息、公司数据和在线交易的安全。他们需要监测潜在的网络威胁，防止数据泄漏和网络攻击。

隐私保护律师：隐私保护律师帮助企业遵守隐私法规，保护用户的个人信息。他们需要了解隐私法规，制定隐私政策，应对数据泄漏事件，并代表企业与监管机构进行法律争议。

（七）教育和培训

在线教育师资：新媒体时代推动了在线教育的发展。在线教育师资可以通过在线课程、网络研讨会和远程培训来传授知识和技能。他们需要适应数字工具和教育技术，以提供高质量的教育。

电子学习设计师：电子学习设计师负责设计和开发在线教育课程和培训材料。他们需要了解教育原则、多媒体设计和用户体验，以创造具有吸引力和互动性的学习体验。

新媒体时代为各种职业机会提供了丰富的领域，包括数字内容创作、数字营销和广告、新闻和新闻媒体、数字娱乐和游戏、数字营销和电子商务、教育和培训等。这些职业机会涵盖了不同的领域和技能，为各种背景和兴趣的人提供了就业和职业发展的机会。

然而，新媒体时代也带来了不断变化的挑战和竞争。随着科技的不断发展，职业要求也会不断演变。因此，成功的职业生涯需要不断学习和适应，保持技能的更新和提升。无论选择哪个领域，积极的工作态度、创新精神和良好的沟通能力都是成功的关键要素。

新媒体时代的职业机会丰富多彩，为人们提供了更多的选择和灵活性。在这个数字化时代，人们可以根据自己的兴趣和技能找到适合自己的职业道路，创造更多的机会和成就。无论是在数字媒体行业中崭露头角，还是从事与数字媒体相关的职业，都有机会在新媒体时代实现个人和职业目标。

二、适应媒体行业快速变化的挑战

媒体行业一直以来都是快速变化的行业，但近年来，数字技术的迅猛发展导致了媒体行业变革的更快速度。新兴技术、消费者行为的改变以及市场竞争的激烈程度，都对媒体从业者提出了更多挑战。此节我们将探讨媒体行业快速变化的挑战，并提供一些适应这些挑战的方法和策略。

（一）数字技术的快速发展

挑战：数字技术的快速发展是媒体行业变化的主要推动力之一。互联网、社交媒体、移动设备和云计算等技术已经彻底改变了媒体的生态系统，媒体公司必须不断适应这些技术的新发展，以保持竞争力。

解决方法：媒体从业者需要不断学习和更新自己的技能，以跟上技术的发展。参加培训、研讨会和在线课程，了解最新的数字工具和趋势。同时，建立网络，与行业内的专家和同行保持联系，以分享知识和经验。

创新和实验：媒体公司需要鼓励创新和实验，不断尝试新的数字工具和平台。创新可以帮助公司保持竞争力，并找到新的商业机会。同时，实验失败也是学习的一部分，可以帮助公司更好地理解市场和观众需求。

（二）多渠道内容传播

挑战：随着数字技术的崛起，媒体内容可以通过多个渠道传播，包括社交媒体、流媒体、移动应用程序和在线平台。这增加了内容的分发难度，同时也带来了竞争。

解决方法：媒体公司需要制定多渠道分发战略，以确保内容能够在多个平台上找到受众。这包括优化内容以适应不同平台的要求，了解不同渠道的观众行为，并制定适当的推广策略。

数据驱动决策：数据分析在多渠道内容传播中至关重要。媒体公司需要收集和分析数据,以了解哪些平台和渠道带来最多的受众和回报。基于数据的决策可以帮助公司优化资源分配和内容战略。

(三) 消费者行为的变化

挑战:消费者的媒体消费习惯正在发生变化。越来越多的人选择在线流媒体服务,而传统电视和广播受众正在下降。同时,社交媒体、移动应用和数字内容也吸引了观众的注意。

解决方法:媒体公司需要了解观众的行为和需求,以调整他们的内容策略。这可能包括制作独家内容、与流媒体平台合作、改进用户体验和提供多样化的内容。

参与观众:与观众互动并建立忠实的受众基础对于适应消费者行为的变化至关重要。社交媒体、在线论坛、问卷调查和反馈机制可以帮助媒体公司了解观众的需求和意见,并提供更具吸引力的内容。

(四) 市场竞争的激烈程度

挑战:媒体市场竞争激烈,新的竞争对手和媒体公司不断涌现。这意味着媒体公司必须不断创新,以吸引受众,并与竞争对手保持竞争力。

解决方法:媒体公司需要建立强大的品牌和声誉,以区别于竞争对手。他们还需要寻找独特的内容机会和差异化策略,以吸引观众和广告商。

合作和并购:在竞争激烈的市场中,合作和并购可以帮助媒体公司扩大规模和资源。合并或收购具有互补业务的公司可以增加市场份额和实力,从而更好地应对竞争。

媒体行业的快速变化给从业者带来了多重挑战,包括数字技术的快速发展、多渠道内容传播、消费者行为的变化、市场竞争的激烈程度、隐私和安全问题、法规和伦理挑战、可持续性和社会责任,以及个人生活与工作平衡。适应这些挑战需要媒体从业者采取积极的策略和措施。

媒体从业者可以通过不断学习和更新技能,了解最新的数字工具和趋势,来应对技术的快速发展。他们可以制定多渠道分发战略,基于数据驱动决策,与观众互动,并建立安全文化。

三、持续学习和发展新技能的必要性

在当今飞速发展的社会，技术、经济、文化等各个领域都在不断演进。面对这样的变革，持续学习和发展新技能已经成为个人和组织成功的关键。本节将探讨持续学习和发展新技能的必要性，以及其对个人和社会的影响。

（一）社会发展的加速

随着科技的迅猛发展，社会发展的速度也在不断加快。新兴技术的涌现，如人工智能、大数据、区块链等，正在深刻改变着传统产业和职业模式。这种加速的社会发展使得过去的知识和技能很快过时，需要不断更新自己的知识体系和技能结构，以适应新的环境。

（二）职业竞争的激烈

在竞争激烈的职场中，拥有新技能的人更容易脱颖而出。雇主通常更倾向于选择那些能够适应快速变化的员工，他们能够更好地适应新的工作需求和挑战。持续学习不仅为个人提供了更广阔的职业发展空间，也为企业带来了更灵活、创新的团队。

（三）提升个人综合素养

通过持续学习和发展新技能，个人不仅能够在职业领域中取得优势，还能够提升自身的综合素养。学习新知识和技能有助于培养逻辑思维、问题解决能力以及创新意识，这些都是在不同领域取得成功所必需的品质。

（四）适应多样化的工作环境

如今，工作环境变得越来越多样化，团队成员可能有不同的文化、专业背景和工作习惯。持续学习能够使个人更好地适应这样的多元化环境，提高沟通协作的能力，促使团队更好地协同工作。

（五）应对未来不确定性

未来充满了不确定性，经济、环境、科技等方面都可能发生难以预料的变化。在这种情况下，持续学习和发展新技能成为了降低个人和组织面

临风险的重要途径。拥有多样化的技能和知识可以使个人更灵活地应对各种不确定性，并在不同的情境下找到适当的解决方案。

（六）推动社会进步

个体的持续学习和技能发展不仅对个人有益，也对整个社会产生积极影响。通过个体的不断学习，社会可以更好地应对各种挑战，推动科技创新和社会进步。持续学习的人群往往能够更好地参与公共事务，为社会发展贡献更多的力量。

（七）建立学习型社会

持续学习和发展新技能是建立学习型社会的基石。在学习型社会中，个体和组织都将学习作为一种文化，注重知识和经验的积累，鼓励创新和思维方式的更新。这种社会文化有助于形成积极的学习氛围，激发创造力，推动社会全面进步。

在当今快速变化的时代，持续学习和发展新技能已经成为个体和社会不可或缺的一部分。通过不断提升自己的知识结构和技能体系，个人可以更好地应对职业竞争、适应多样化的工作环境，并在社会发展中发挥更积极的作用。同时，推动建立学习型社会，促进整个社会的可持续发展。在未来，持续学习将继续是成功和进步的关键路径之一。

第六章　融媒体时代播音与主持的艺术创新

第一节　融媒体时代的艺术创新概述

一、融媒体时代的媒体创新需求

随着信息技术的迅速发展，融媒体时代已经全面来临，媒体形式和传播方式发生了巨大的演变。从传统的纸质媒体到数字化时代的网络媒体，再到如今的融媒体时代，媒体行业一直在经历着深刻的改变。本节将探讨融媒体时代的媒体发展，以及在这一背景下媒体所面临的创新需求。

（一）融媒体时代的媒体发展

1.传统媒体向数字媒体的演变

在过去几十年里，媒体从传统的印刷、广播等方式逐渐过渡到数字化时代。报纸、电视和广播等传统媒体纷纷推出了在线版，数字媒体的兴起极大地改变了信息传播的方式，使得信息更加便捷、实时。

2.数字媒体向融媒体的转变

随着移动互联网的普及，用户获取信息的途径越发多元。融媒体时代不再局限于单一的媒体形式，而是通过整合多种媒体平台，如文字、图片、音频、视频等，形成更为立体、多层次的信息传播。

(二) 融媒体时代的媒体创新需求

1. 跨平台融合创新

融媒体时代要求媒体跨足多个平台，通过整合传统媒体和新兴数字媒体，实现信息在不同媒体之间的有机融合。这需要媒体机构打破传统部门壁垒，推动新技术和传播方式的融合创新。

2. 用户体验与个性化内容

在融媒体时代，用户对信息的获取有了更高的期望。媒体需要通过大数据分析等手段，深入了解用户需求，提供更符合用户兴趣的个性化内容。同时，关注用户体验，使信息传播更加智能、便捷，增强用户黏性。

3. 创新的内容呈现形式

传统的文字报道已经不能满足用户多元化的需求，媒体需要探索更富创意的内容呈现形式。包括但不限于图文并茂、互动性强的视频、虚拟现实（VR）和增强现实（AR）等技术应用，以提升用户阅读体验。

4. 社交媒体的整合应用

社交媒体在融媒体时代扮演着举足轻重的角色。媒体需要善于利用社交媒体平台，通过用户生成内容（UGC）和社交分享机制，将信息迅速传播，形成更广泛的社会影响力。

5. 数据驱动的新闻生产

利用大数据和人工智能技术，媒体可以更精准地分析用户行为、趋势和偏好，从而更好地把握新闻价值，进行更有深度和广度的报道。数据驱动的新闻生产有助于提高报道质量和效率。

(三) 融媒体时代媒体创新的影响

1. 加强媒体竞争力

借助创新，媒体可以更好地满足用户需求，提高信息传播的效果，从而在激烈的市场竞争中脱颖而出。创新成为媒体保持竞争力的重要手段。

2. 拓展商业模式

融媒体创新不仅仅是内容的创新，也涉及商业模式的更新。通过整合不同媒体形式，媒体可以开发新的盈利模式，例如付费会员、广告变现、社交电商等，实现商业可持续发展。

3. 提升社会影响力

通过融媒体创新，媒体可以更好地满足社会公众的信息需求，引导舆论，提升社会影响力。媒体在社会中的作用不再仅仅是信息传递者，更是舆论引导者和社会变革的推动者。

4. 推动技术发展

媒体的创新需要依赖先进的技术手段，推动了技术的发展。例如，融媒体时代的到来催生了一系列与图像处理、大数据分析、人工智能等相关的技术创新，推动了整个科技产业的进步。

（四）面临的挑战与应对策略

1. 信息可信度问题

在融媒体时代，信息传播速度快，但也面临着信息真实性和可信度的挑战。媒体需要通过建立更加严谨的编辑和审核机制，确保发布的信息真实可信。同时，加强与专业机构、权威人士的合作，提高报道的权威性和可信度。

2. 技术更新和人才培养

融媒体时代技术日新月异，媒体需要不断更新技术设备和软件工具，以保持竞争力。同时，培养适应新技术的人才也是关键。投资于员工的培训，使其具备数字化和融媒体时代所需的技能，以更好地应对未来的挑战。

3. 社交媒体的挑战

虽然社交媒体为媒体提供了更广泛的传播渠道，但也带来了信息碎片化和传播失控的问题。媒体需要建立更加严密的社交媒体管理机制，规范信息发布和传播，避免虚假信息的传播，确保信息的准确性和可靠性。

4. 商业模式的探索与稳固

在融媒体时代，传统的广告模式可能面临挑战，媒体需要不断探索新的商业模式。通过建立付费会员制度、开发社交电商等方式，实现多元化的商业盈利，降低对广告的过度依赖，提高经营的可持续性。

融媒体时代的媒体发展和创新需求是一个复杂而多层次的过程。媒体在面对这一时代发展时，需要积极应对，不断进行创新，以适应用户需求的变化，提高信息传播的效果，保持社会影响力。创新不仅仅是技术的创新，更是商业模式、内容呈现形式、社交媒体管理等多方面的全面创新。媒体机构需要在保持传统职责的同时，勇于变革，顺应潮流，从而在融媒体时代中取得成功。通过不断创新，媒体将能够更好地发挥其在社会中的作用，推动社会的发展与进步。

二、融媒体时代播音与主持艺术创新的重要性

融媒体时代的到来标志着传媒领域的深刻发展，媒体形式和传播方式的多样性给播音与主持带来了前所未有的挑战与机遇。在这个新的时代背景下，播音与主持的艺术创新显得尤为重要。本节将探讨在融媒体时代中，播音与主持的艺术创新对于个体从业者和整个行业的意义，以及创新的具体表现和方法。

（一）融媒体时代对播音与主持的挑战与机遇

1. 多媒体整合带来的挑战

在融媒体时代，播音与主持需要同时面对多种媒体形式，如文字、图片、音频、视频等的整合。这要求从业者不仅仅要有传统的声音表达能力，还需要具备跨媒体的应对能力，能够在不同平台上进行信息传播。

2. 观众需求的多元化

融媒体时代观众的需求更加多元化，他们既追求高质量的内容，又对娱乐性和互动性有更高的期望。播音与主持需要适应观众的多样化需求，通过创新的方式提供更富有吸引力的节目内容。

3. 新技术的引入与应用

随着技术的不断进步，新技术的引入为播音与主持提供了更广阔的创

新空间。虚拟现实、增强现实、人工智能等技术的应用，使得声音与图像的融合更加紧密，播音与主持可以通过创新的技术手段提供更为丰富和生动的节目。

4. 社交媒体的影响

社交媒体的兴起改变了信息传播的格局，播音与主持不再仅仅是单向的信息传递者，更需要通过社交媒体与观众进行互动，借助社交平台扩大影响力，建立更紧密的粉丝关系。

(二) 艺术创新的重要性

1. 提升节目吸引力

艺术创新是提升节目吸引力的关键。通过新颖的节目形式、独特的语调和节奏，播音与主持可以更好地吸引观众的注意力，使得节目更具有竞争力。

2. 适应多媒体整合的要求

艺术创新能够帮助播音与主持更好地适应多媒体整合的要求。创新的表达方式，如音频和视频的混搭、图文并茂的报道，能够使得信息更为生动、丰富。

3. 增强互动性和娱乐性

融媒体时代观众对互动性和娱乐性的需求日益增加，艺术创新可以通过引入更多的互动元素、创意的娱乐形式，使得播音与主持的工作更富有趣味性，与观众建立更紧密的连接。

4. 拓展表达方式与技术运用

艺术创新能够拓展播音与主持的表达方式。在声音表达的同时，可以通过图像、视频等更多元的方式进行表达，提高信息传达的深度和广度。同时，运用新技术，如语音合成、音频处理等，使得表达更具有创新性。

5. 建立个人品牌与社交媒体互动

通过艺术创新，播音与主持可以建立个人独特的品牌形象，使自己在众多从业者中脱颖而出。通过社交媒体的互动，与粉丝建立更紧密的关系，提高个人在行业内的影响力。

（三）融媒体时代播音与主持的艺术创新实践

1. 创新的节目形式

探索新颖的节目形式，如融合音频和视频的短视频节目、互动性强的直播节目等。通过不同的形式来传达信息，提高节目的趣味性和吸引力。

2. 技术应用的创新

利用新技术，如虚拟现实和增强现实，打破传统的表达方式，将观众带入更为沉浸式的体验中。同时，运用音频处理技术提升声音的表现力，使得声音更加丰富和引人入胜。

3. 社交媒体的活跃互动

积极利用社交媒体平台，与观众建立互动，回应他们的评论和提问。通过参与性强的社交媒体互动，增加观众的参与感，建立更加紧密的互动关系。这种互动不仅可以使播音与主持更加贴近观众，还有助于获取观众的反馈，从而不断优化节目内容。

4. 内容创新与深度报道

在内容上进行创新，挖掘更深层次的报道，提供有深度、有价值的信息。通过深度报道，播音与主持可以在融媒体时代中更好地发挥其调查和分析的能力，使得节目更具有专业性和深度。

5. 跨界合作与嘉宾互动

与不同领域的专业人士进行跨界合作，邀请嘉宾参与节目，拓宽节目的主题和内容范围。嘉宾的参与可以为节目注入新鲜元素，吸引更广泛的受众，同时也能提供不同领域的专业视角。

6. 个人品牌建设与持续学习

不断加强个人品牌建设，通过持续学习和提升自身综合素质，保持对新知识、新技能的敏感度。建立个人品牌需要播音与主持在职业生涯中不断追求卓越，树立起独特的个人形象。

(四) 创新对行业的影响与前景展望

1. 提升整体行业水平

播音与主持的艺术创新不仅仅影响个体从业者,更能够推动整个行业的发展。通过提升节目质量和创意水平,整个行业能够更好地满足观众的需求,提高行业的竞争力。

2. 培养更多的创新人才

行业内的创新需要更多的创新人才。通过强调创新和多元化的培训,行业可以培养更多具有创造力和创新思维的播音与主持人才,使整个行业保持活力。

3. 推动产业发展

播音与主持的创新推动了融媒体产业的发展。从新技术的应用到内容形式的创新,都有助于推动整个融媒体产业向前发展,适应社会需求的不断变化。

4. 深化行业国际交流

通过艺术创新,行业内的播音与主持可以在国际舞台上更好地展示自身的创造力和才华。这有助于深化交流合作,促进全球融媒体行业的共同发展。

5. 加强行业自律与规范

在创新的同时,行业需要加强自律和规范。建立更严格的职业准则,规范信息传播行为,保护观众权益,维护行业的良好形象。

(五) 融媒体时代播音与主持艺术的挑战与应对

1. 技术更新的挑战

随着技术的不断更新,播音与主持需要不断学习新的技术,以适应新媒体时代的要求。解决策略包括建立行业培训机制,鼓励从业者参与技术培训和学习,保持对新技术的敏感性。

2. 信息传播的隐患

在融媒体时代,信息传播的速度和范围大大增加,可能带来虚假信息、不负责任的报道等问题。解决策略是加强自律,建立更为严格的编辑审核机制，加强新闻职业道德建设，提高从业者的责任意识。

3. 观众注意力稀缺的问题

随着信息过载，观众的注意力变得更加稀缺。解决策略包括提高节目的吸引力和创意性，以及通过社交媒体等平台与观众建立更强的互动关系，提高观众的黏性。

4. 商业模式的不确定性

融媒体时代商业模式的不确定性增加了经济压力。解决策略包括多元化的商业模式创新，如付费订阅、广告变现、社交电商等，降低对单一商业模式的依赖。

在融媒体时代，播音与主持的艺术创新不仅是个体从业者成功的关键，更是整个行业保持活力和持续发展的必然选择。通过创新，从业者可以更好地适应多媒体整合、观众多元化需求、新技术的应用等方面的挑战。艺术创新不仅提升了节目的吸引力和创造力，也推动了整个融媒体产业的发展。

三、融媒体时代艺术创新的挑战与机遇

融媒体时代的来临带来了媒体形式和传播方式的深刻变革，艺术创新成为媒体从业者面临的重要任务之一。在这个多元化、数字化的时代，艺术创新既面临着新的挑战，也蕴藏着巨大的机遇。本节将深入探讨融媒体时代艺术创新所面临的挑战，以及如何在挑战中发现机遇，引领媒体行业迎接更加丰富和多元化的未来。

（一）挑战：多元媒体整合的压力

1. 信息碎片化与注意力稀缺

随着信息的爆炸性增长，观众面临着海量碎片化信息的困扰，使得注意力变得愈发稀缺。艺术创新在这一挑战下需要更高的创意，能够吸引观众迅速建立连接，并在短时间内传递核心信息。

2. 多媒体整合的技术难题

融媒体时代要求媒体内容在多个媒体平台上进行整合，这对艺术创新提出了技术层面的挑战。如何将文字、图片、音频、视频等多种形式有机融合，使其更具艺术性和表现力，成为亟待解决的问题。

（二）机遇：多元媒体整合的创新方式

1. 创意表达的多媒体融合

面对信息碎片化和注意力稀缺的挑战，艺术创新可以通过多媒体的融合，创造更具创意的表达方式。例如，结合音频和图像制作短视频，通过生动的画面和音乐传递信息，提升观众体验。

2. 跨界合作与跨平台传播

艺术创新的机遇在于跨界合作，通过与其他领域的艺术家、科技公司等进行合作，创造出更具前瞻性和独特性的媒体产品。同时，跨平台传播可以更广泛地覆盖受众，拓展影响力。

（三）挑战：观众多元需求的挑战

1. 个性化需求与定制化体验

观众在融媒体时代呈现出更为个性化的需求，希望得到定制化的媒体体验。这为艺术创新提出了更高的要求，需要根据受众的个性化需求创作内容，提供更贴近用户兴趣和情感的艺术体验。

2. 社交互动的需求

观众不再满足于被动接收信息，更追求与媒体内容的互动。艺术创新需要在媒体作品中融入更多社交元素，鼓励观众参与评论、分享，从而提高内容的传播力和互动性。

（四）机遇：观众多元需求的创新方式

1. 个性化内容推荐与定制

借助大数据技术，艺术创新可以实现个性化内容推荐。通过分析用户的浏览历史、兴趣偏好等信息，提供符合用户口味的个性化艺术创作，提升用户满意度。

第六章　融媒体时代播音与主持的艺术创新

2. 社交媒体的互动平台

利用社交媒体平台，媒体可以与观众直接互动，收集用户反馈，了解观众需求。艺术创新可以通过社交媒体的互动性，促使观众参与到艺术创作的过程中，增强内容的社交性。

（五）挑战：新技术应用的不确定性

1. 新技术的快速发展

新技术的快速发展为媒体带来了更多的创新可能，但同时也带来了应用的不确定性。在新技术涌现的时代，媒体从业者需要时刻关注技术的更新，同时面临如何将新技术应用到艺术创新中的挑战。

2. 技术的普及与适应性

随着新技术的普及，观众对于技术应用的接受程度和适应速度存在差异。艺术创新需要考虑到不同层次观众对技术的接受程度，确保艺术作品能够为广大受众所接受。

（六）机遇：新技术应用的创新方式

1. 融合人工智能与创意

通过将人工智能技术应用到创意的生成、内容推荐等环节，艺术创新可以更好地挖掘出新颖、独特的艺术形式。例如，利用生成对抗网络（GAN）生成艺术品，探索机器与创作者的合作模式。

2. 虚拟现实（VR）与增强现实（AR）的创作

利用虚拟现实和增强现实技术，艺术创新可以打破传统创作的空间限制，创作更具沉浸感的作品。这种创新方式不仅仅适用于影视行业，也可以拓展到新媒体艺术和互动体验等领域。

在融媒体时代，艺术创新既面临着多重挑战，也蕴含着丰富的机遇。挑战激发创新的动力，而机遇则展示着前所未有的发展空间。媒体从业者在艺术创新的道路上需要不断探索，保持创造力和敏锐度，以更好地适应时代的变革。

通过跨界合作、技术创新、商业模式创新等手段，媒体可以积极应对多元媒体整合、观众多元需求、新技术应用、商业模式变革等挑战，实现艺术创新的可持续发展。同时，媒体行业也需要更注重社会责任感，关注道德水平，通过自律和规范建设，保障信息传播的公正和可信度。

在未来，随着科技的不断发展，融媒体时代的艺术创新将面临新的挑战与机遇。只有不断反思、不断创新，媒体才能在这个激动人心的时代中，持续发挥其在社会中的重要作用，推动文化的繁荣与进步。

第二节 融媒体时代的内容创新

一、融媒体时代创新节目形式和内容策略

随着融媒体时代的到来，媒体形式和传播方式发生了翻天覆地的变化，推动了媒体内容创新的深刻变革。在这个多元化、数字化的时代，创新成为了媒体行业迎接挑战、吸引观众的关键。本节将深入探讨融媒体时代创新节目形式和内容策略，探索如何在这一时代背景下更好地满足观众需求，提高节目的吸引力。

（一）创新节目形式的重要性

1. 多元化的媒体平台带来的机遇

融媒体时代，观众可以通过多种媒体平台获取信息，包括传统电视、网络视频、社交媒体等。创新节目形式有助于适应不同平台的需求，扩大节目的覆盖面，提高内容的曝光度。

2. 提升观众体验与互动性

创新的节目形式能够提升观众的娱乐体验和参与感。通过引入互动元素、虚拟现实技术等，创造更具沉浸感的节目形式，使观众更愿意参与其中，增强观众的黏性。

3. 应对观众多元化需求

不同观众有着不同的需求和喜好，创新的节目形式可以更好地满足观众的多元化需求。从内容的表达方式、节目的时长到节目的风格，都可以通过创新来适应观众的多样化需求。

（二）创新节目形式的实践与案例

1. 虚拟主持与互动体验

利用虚拟主持人，通过人工智能技术实现互动对话，使观众能够与虚拟主持建立更为亲密的联系。这种创新形式不仅提高了娱乐性，还能够吸引科技爱好者和年轻受众。

2. 实时互动直播

利用实时互动直播平台，观众可以与主持人、嘉宾实时互动，提出问题、点赞、送礼物等，增加了观众的参与感。这种创新形式在社交媒体时代取得了巨大成功，形成了强大的粉丝社群。

3. 跨媒体整合与 IP 衍生

通过将电视、网络、社交媒体等媒体进行跨界整合，构建起一个庞大的内容生态系统。IP 衍生是其中的一种形式，通过将节目中的角色、故事进行跨媒体延伸，扩大了节目的影响力。

（三）创新内容策略的重要性

1. 深度挖掘独特故事与主题

融媒体时代观众对深度、独特的内容有更高的追求。创新的内容策略需要深度挖掘独特的故事和主题，为观众呈现更具深度和个性化的节目。

2. 注重社会热点与时事评论

关注社会热点和时事评论是吸引观众关注的有效方式。创新内容策略可以紧跟时事，通过深入分析和独特视角的评论，吸引观众对节目的关注。

3. 整合娱乐元素与知识传递

融媒体时代观众既追求娱乐性，又渴望获取知识。创新内容策略可以通过整合娱乐元素和知识传递，使得节目既有趣味性又具有教育性，提高观众的学习兴趣。

（四）创新内容策略的实践与案例

1. 纪实式真人秀与社会关切

通过推出关于社会问题、人文关怀的纪实式真人秀，深度挖掘人物故事，关注社会问题，引发观众对社会关切的共鸣。这种创新策略不仅提升了节目的影响力，还为社会问题提供了更多关注。

2. 社交媒体平台互动剧

在社交媒体平台上推出互动剧，通过观众投票、互动评论等方式决定剧情发展，增加了观众的参与感。这种创新策略突破了传统电视剧的观看模式，使观众能够在剧情发展中发挥更大的话语权，提高了互动性和参与度。

3. 社交媒体挑战赛与用户生成内容

通过在社交媒体平台上组织挑战赛，鼓励观众参与并分享自己的创意和才艺。这种创新策略将观众变身为节目的创作者，极大地丰富了内容，同时也增加了用户生成内容，提升了社交互动性。

4. 跨界明星合作与文化交流

跨界合作是创新内容策略的一种重要形式，特别是与不同领域的明星进行合作。这种合作不仅丰富了节目的内容，还促进了文化交流，吸引了更广泛的受众。

（五）创新内容的发展问题

1. 观众注意力竞争激烈

在融媒体时代，观众的注意力是有限的，而竞争对手众多。解决策略包括提高节目的独特性和创新性，确保内容具有差异化，能够在众多节目中脱颖而出。

2. 内容过度商业化的问题

随着娱乐产业的商业化程度提高，有时内容过度商业化可能导致失去观众的信任。解决策略是平衡商业利益与内容质量，确保娱乐性的同时保持一定的社会责任感。

3. 信息爆炸与观众选择困难

信息爆炸使得观众在选择节目时面临困难，容易产生选择疲劳。解决策略包括通过个性化推荐算法、社交分享等手段，提供更精准的内容推荐，降低观众选择的难度。

4. 创新成本与风险

创新往往伴随着成本和风险。解决策略是建立创新实验的平台，鼓励团队进行小规模的创新尝试，通过不断的试错来降低创新的成本和风险。

5. 文化差异与受众接受度

跨足不同文化背景的内容往往需要更多的考虑，以确保受众的接受度。解决策略包括深入了解目标文化，与当地团队合作，确保内容能够在文化上获得认同。

（六）创新内容的发展策略

1. 个性化推荐算法的进一步发展

随着人工智能技术的不断发展，个性化推荐算法将更加智能化和精准化。通过分析用户的历史行为、兴趣和偏好，系统将能够更准确地预测用户的喜好，为其提供个性化推荐的节目。

2. 社交媒体与电视的更紧密结合

社交媒体和电视的结合将更加深入，观众在观看节目的同时可以直接参与到社交互动中。这将进一步加强节目与观众之间的联系，创造更加社交化的娱乐体验。

3. 多媒体整合与 IP 衍生的深入发展

多媒体整合将更加深入，不同媒体平台之间的衔接将更加顺畅。IP 衍生也将更加成熟，通过跨界合作推动内容的多元化发展，形成更为庞大的文化产业链。

在融媒体时代，创新节目形式和内容策略是媒体行业发展的关键。通过不断尝试新的节目形式，深挖独特的内容策略，媒体可以更好地适应观众的需求，提高节目的吸引力和影响力。在未来的发展中，媒体行业需要不断迭代创新，把握技术发展的机遇，与观众共同探索更具创意和价值的媒体内容。

二、融媒体时代的原创性和深度报道

融媒体时代的到来不仅给传媒产业带来了前所未有的变化，也为新闻报道提供了更广阔的发展空间。原创性和深度报道在这个时代显得尤为重要，它们不仅是新闻机构保持竞争力的关键，更是满足受众多样化需求的必由之路。本节将深入探讨融媒体时代原创性和深度报道的重要性、面临的挑战以及应对策略。

（一）原创性报道的重要性

1. 信息的多渠道传播

在融媒体时代，信息的传播不再受限于传统媒体，社交媒体、短视频平台等多种渠道崭露头角。原创性报道有助于吸引受众在众多信息源中选择关注，提高新闻机构在信息传播中的竞争力。

2. 塑造媒体品牌形象

原创性报道是媒体品牌建设的重要一环。通过深入挖掘独特的新闻故事，新闻机构能够树立良好的品牌形象，使受众更加信任并愿意关注该媒体的报道。

3. 满足受众多样化需求

不同受众对新闻关注点的需求各异，原创性报道可以更好地满足受众的多样化需求。通过深入挖掘各个领域的新闻，媒体能够更全面地服务于社会各个层面的受众。

（二）深度报道的重要性

1. 提供全面、系统的信息

深度报道能够提供更为全面和系统的信息，不仅满足受众对事实的需求,还能够提供更深层次的背后原因、影响和解决方案。这有助于提高受众对事件的理解和认知。

2.培养受众对深度阅读的兴趣

融媒体时代,信息呈现趋向碎片化,但深度报道可以培养受众对深度阅读的兴趣。通过深入挖掘一个话题,提供详实的背景信息和各个维度的分析,激发受众对于复杂问题的关注。

3.提升新闻机构专业性和公信力

深度报道需要更多的调查研究、专业分析,因此能够提升新闻机构的专业性和公信力。这有助于建立媒体在受众中的权威形象,使其成为可信赖的信息来源。

（三）原创性报道面临的问题

1.快速信息传播的压力

在融媒体时代,信息传播速度加快,新闻竞争变得更加激烈。在追求速度的同时,新闻机构面临着保持新闻报道原创性和深度的巨大压力,需要在有限时间内完成更多更好的报道。

2.受众短时注意力的争夺

受众的注意力短暂且分散,这对于进行深度报道提出了挑战。在信息碎片化的时代,如何引导受众关注更深层次、更详尽的信息,是媒体亟需解决的问题。

3.财务压力与资源不足

进行原创性和深度报道需要更多的财务支持和专业人力资源。新闻机构在融媒体时代面临财务压力,如何平衡财务状况,保证报道质量的生产成为一项巨大挑战。

4.信息真实性和可信度的考验

融媒体时代信息爆炸,但其中也夹杂着大量虚假信息和低质量信息。新闻机构在进行原创性和深度报道时,需要更加关注事实真相,提升信息的可信度。

（四）应对策略

1. 技术创新的应用

利用技术手段，如数据分析、虚拟现实、人工智能等，提升新闻报道的深度和创新性。技术可以帮助新闻机构更高效地搜集信息、展示数据，提供更生动、直观的深度报道。

2. 建立优质内容的付费模式

针对深度报道，新闻机构可以考虑建立付费模式。通过提供高质量的深度报道，吸引受众付费订阅，从而减缓财务压力，保证原创性和深度报道的持续生产。

3. 加强编辑团队的专业性

加强编辑团队的专业性和研究能力，培养深度报道的专业人才。新闻机构可以通过招聘具有深度分析能力和专业知识的编辑，建立更加专业的编辑团队，以确保深度报道的质量和深度。

4. 拓展合作与资源整合

面对资源有限的情况，新闻机构可以通过拓展合作关系，实现资源的共享和整合。与其他媒体、研究机构等建立合作关系，通过共同努力完成更为深入的报道，实现互利共赢。

5. 提升编辑流程效率

优化编辑流程，提高报道生产效率。利用数字化工具，优化信息搜集、整理和编辑的流程，使得深度报道的制作更为高效，能够更及时地推送给受众。

6. 利用社交媒体拓展传播渠道

在融媒体时代，社交媒体是信息传播的重要渠道之一。新闻机构可以善用社交媒体平台，通过创新的形式和内容吸引受众，提高深度报道的曝光度和影响力。

7. 强调新闻伦理与可信度

在信息爆炸的环境中，新闻机构需要更加注重新闻伦理和可信度的维护。强调事实真相，进行深度分析时要有严谨的态度，建立起受众对新闻机构的信任。

(五) 原创内容的发展策略

1. 人工智能辅助深度报道

随着人工智能技术的不断发展，它将在深度报道中发挥越来越大的作用。从数据分析到自动撰写，人工智能辅助将提高深度报道的效率，让编辑有更多时间进行深度分析。

2. 移动端深度报道的发展

移动设备的普及使得移动端深度报道成为一个新的发展趋势。通过图文并茂、交互式的移动端报道形式，更好地适应受众在移动端获取信息的需求。

3. 跨媒体的深度整合

跨媒体的深度整合将成为未来的发展趋势。通过整合文字、图像、音频、视频等多种形式，构建更为立体和生动的深度报道，满足受众对多样化信息的需求。

4. 公众参与与深度调查的结合

将公众参与与深度调查相结合，可以更好地挖掘社会问题的深层次原因。通过与受众互动，获取更多的线索和信息，实现深度报道的更为全面和客观。

在融媒体时代，原创性和深度报道仍然是新闻机构保持竞争力、赢得受众信任的重要因素。原创性报道通过挖掘独特、新颖的新闻故事，使新闻机构在众多信息中脱颖而出，塑造品牌形象。深度报道则通过提供全面、系统的信息，深入剖析事件的各个层面，提升新闻机构的专业性和公信力。

然而，面对融媒体时代的挑战，新闻机构需要不断创新，找到适应时代潮流的发展策略。技术的发展、社交媒体的崛起以及受众需求的变化，都为原创性和深度报道提供了更多的可能性。通过合理运用技术手段、拓展合作关系、强调新闻伦理，新闻机构能够更好地应对挑战，不断提升原创性和深度报道的水平。展望未来，融媒体时代将为原创性和深度报道的发展创造更加丰富的机遇。

第三节　创意播音与主持风格

一、创意主持风格的定义和特点

主持是一门既需要扎实的基本功，又需要富有创意和个性的艺术。在娱乐行业的快速发展和多元化竞争的背景下，主持人的创意风格越发受到重视。本节将深入探讨创意主持风格的定义和特点，分析在不同场景和节目类型中，主持人如何通过独特的风格塑造自己的形象，吸引观众，取得成功。

（一）创意主持风格的定义

1.概念界定

创意主持风格指的是主持人在工作中展现出来的富有创意、独特而个性化的表现方式。这种风格体现在主持人的语言、动作、情绪表达等多个方面，通过独特的演绎方式使其在众多主持人中脱颖而出。

2.个性化表达

创意主持风格要求主持人在工作中能够突显个性，不同于传统的套路和模式，而是通过自己独特的见解、幽默感、情感表达等方式，将主持过程赋予更多个人特色。

3.情感与创造力的结合

创意主持风格不仅要求主持人有情感的表达，还需要具备创造力，能够在工作中通过新颖的构思、独特的创意元素，让观众感受到不同寻常的主持魅力。

（二）创意主持风格的特点

1.幽默风趣

创意主持风格往往体现为幽默风趣。主持人在与嘉宾互动、解说节目内容时，能够灵活运用语言和表情，营造出轻松幽默的氛围，增强观众的娱乐体验。

2. 独特的语言表达

创意主持人的语言表达常常具有独特性，可能包括特有的口头禅、幽默的措辞，甚至是一些创造性的语言游戏。通过这些独特的语言元素，主持人能够在观众中留下深刻的印象。

3. 互动性与观众沟通

创意主持强调与观众的互动，通过调动观众的参与积极性，创造更加生动有趣的氛围。这种互动性不仅表现为与观众互动，还可能包括与现场嘉宾、其他主持人的互动。

4. 大胆的创意尝试

创意主持人敢于尝试一些大胆的创意，可能包括独特的节目设置、创新的互动环节、新颖的服装造型等。这种大胆尝试不仅给观众带来新奇感，也能够使主持人在业界脱颖而出。

5. 多元化的技能展示

创意主持人通常具备多元化的技能，可能包括歌唱、舞蹈、乐器演奏等。这些技能的展示不仅丰富了主持人的表现形式，也为节目注入更多的艺术元素。

（三）创意主持风格的实现方式

1. 自我定位与打磨

创意主持人首先需要明确自己的特长和个性，进行自我定位。这可以包括在幽默、风趣、深情等方面进行突破。然后，通过持续地打磨和提升，形成独特的主持风格。

2. 不断学习与创新

创意主持人需要保持对新事物的敏感性，不断学习和创新。这涵盖了对时事、文化、艺术等多个领域的了解，以及对不同风格的主持方式的尝试和吸收。

3. 个性的展示与品牌建设

创意主持人需要在工作中充分展示个性，包括言谈风格、形象打造等方面。与此同时，建立个人品牌，使自己的创意主持风格逐渐被观众熟知，形成品牌效应。

4. 与团队协作与共鸣

创意主持风格的实现不是孤立的，需要与团队密切协作。与制作人、编导、其他主持人等形成默契，共同探讨和实践新颖的创意，实现整个团队的创意协同效应。

5. 沉淀情感与体验生活

创意主持人在情感共鸣方面需要通过沉淀自己的情感，体验生活，理解观众的情感需求。通过深刻的情感表达，与观众建立更为深厚的情感联系。

6. 利用社交媒体建立互动平台

在融媒体时代，社交媒体成为了主持人与观众互动的重要平台。创意主持人可以通过在社交媒体上分享自己的创意和生活，与观众建立更为亲密的联系。

（四）创意主持风格的发展趋势

1. 多元化表达形式

未来创意主持风格将更加多元化，主持人可能通过更多的艺术形式，如音乐、舞蹈、即兴表演等，展现出更为丰富的创意。

2. 深度与情感的结合

创意主持人将更加注重深度与情感的结合，通过更真挚、深刻的情感表达，引起观众更强烈的共鸣，使观众在娱乐的同时能够产生更多思考。

3. 技术与创新的融合

技术的不断发展将为创意主持风格提供更多创新的可能性。虚拟现实、增强现实等技术的应用，能够为主持人创造更为生动有趣的互动体验。

4. 社交媒体的深度互动

随着社交媒体的不断普及，创意主持人将更加注重在社交媒体平台上与观众的深度互动。通过在社交媒体上分享创意、与观众进行实时互动，创意主持人可以更直接地了解观众的反馈和需求，进而调整和优化自己的主持风格。

5. 跨文化的融合

随着全球化的进程，创意主持人需要更好地融合不同文化元素，使自己的表达更具包容性。通过了解和尊重不同文化的幽默方式和价值观，创意主持人可以在跨国节目中取得更大的成功。

6. 注重社会责任与公益

未来的创意主持风格可能更加注重社会责任和公益。通过关注社会热点、呼吁公益事业，创意主持人可以在娱乐的同时传递正能量，树立良好的社会形象。

创意主持风格作为主持人在娱乐行业中的独特标志，既包含了幽默风趣的表达，又涵盖了深度情感的展现。创意主持人通过多元化的表达形式、与观众的互动、独特的语言风格等方面，成功地树立了自己在观众心中的形象。

在未来，创意主持风格将更加多元化、创新化，并与技术、社交媒体等因素深度融合。主持人需要不断学习和创新，保持对时事和文化的敏感性，注重与观众的深度互动，以及关注社会责任，方能在竞争激烈的娱乐市场中脱颖而出。

二、创新声音表达与情感传递

声音是一种强大的表达工具，能够传递情感、表达思想、传播信息。在各种社交媒体、广播、音乐等领域，声音表达已成为不可或缺的元素。然而，在不断演变的数字时代，创新声音表达与情感传递的方式也在不断涌现。本节将深入探讨创新声音表达的定义、重要性，以及在不同领域中如何实现情感传递。

（一）创新声音表达的定义

1. 概念界定

创新声音表达是指在声音的传播和表达过程中，采用新颖、独特的方式，通过声音的语调、音色、音效等元素进行创意性的表达。这种表达方式不仅能够吸引注意，更能够深刻地传递情感和信息。

2. 多元化的声音元素

创新声音表达不仅包括传统的语言表达，还涵盖了多元化的声音元素，如音调的变化、音频特效的运用、声音的合成等。通过运用这些元素，可以实现更为生动、富有层次感的声音表达。

3. 创新声音与艺术

创新声音表达既涉及到技术层面的创新，如声音处理技术的应用，又需要考虑艺术的因素，即如何用声音更好地表达情感、传递信息，使得声音更具感染力。

（二）创新声音表达的重要性

1. 提升传播效果

在广告、社交媒体、广播等领域，创新声音表达能够提升传播效果。通过巧妙运用声音元素，吸引听众的注意力，使得信息更容易被接受和记忆。

2. 深化情感传递

创新声音表达有助于更深层次地传递情感。通过调整音调、节奏等元素，声音能够更准确、生动地表达说话者的情感状态，加强情感共鸣。

3. 提高用户体验

在数字产品、虚拟现实等领域，创新声音表达可以提高用户体验。通过使用立体声、环绕音效等技术，使用户感受到更真实、沉浸式的声音环境，提高产品的吸引力。

4. 推动艺术创新

在音乐、电影、广播剧等艺术领域，创新声音表达是推动艺术创新的重要手段。艺术家通过新颖的声音元素，打破传统的表达方式，创造出更具个性和独创性的作品。

（三）创新声音表达在不同领域的实践

1. 广告与营销

在广告与营销领域，创新声音表达可以通过激发情感、塑造品牌形象，吸引消费者的注意力。例如，通过采用特殊的音效、音乐元素，使广告更具有记忆点，提高品牌的识别度。

2. 融媒体平台上的创新声音

在融媒体平台上，创新声音表达成为吸引用户的关键。通过录制生动有趣的语音消息、运用语音特效，可以使用户更愿意与他人分享声音，增强社交互动的趣味性。

3. 虚拟现实与游戏

在虚拟现实和游戏领域，创新声音表达可以提高沉浸感。通过采用3D音效技术、方向感知技术，使得用户在虚拟环境中能够更准确地感知声音的来源和方向，增强游戏体验。

4. 音乐产业

在音乐产业，创新声音表达是音乐创作的核心。艺术家可以通过合成声音、电子音效等技术，创造出富有实验性和前卫性的音乐作品，拓展音乐的表达边界。

（四）实现创新声音表达的方式

1. 运用音效和特效

运用各种音效和特效是实现创新声音表达的有效途径。通过在声音中加入环绕音效、混响效果、音频剪辑等元素，使声音更富有层次感和立体感。

2. 声音合成技术

利用声音合成技术，可以创造出虚构的声音，使得声音表达更加多样化。这种技术可以应用在音乐、电影配乐等领域，打破传统音乐的表达方式，创造出新的音乐体验。

3. 语音识别与处理

语音识别和处理技术的不断发展，使得声音表达更具创新性。通过语音识别，可以实现对声音的实时处理，例如实时翻译、实时音效增强等。这种技术的应用不仅可以提高语音交流的效率，还可以为声音表达增添更多的可能性。

4. 深度学习与人工智能

利用深度学习和人工智能技术，可以对声音进行更加精准的分析和处理。这种技术可以根据用户的情感状态，调整语音合成的语调、音量等，使声音表达更贴近用户的情感需求。

5. 实时音频编辑工具

利用实时音频编辑工具，可以在录制声音的同时进行实时的编辑和处理。这种工具使得录音者可以在录制过程中调整音效、增加特效，实现更为灵活和创新的声音表达。

6. 立体声和环绕音效

在音乐、电影等领域，采用立体声和环绕音效可以为听众创造出更为真实的声音场景。通过在多个声道上布置音源，使得声音在空间中更具层次感，提高听众的听觉体验。

（五）创新声音表达的挑战与机遇

1. 挑战：技术成本和门槛

创新声音表达涉及到一系列先进的技术，这需要投入大量的研发成本。对于小型企业或个体创作者来说，要想利用最新的声音技术可能面临较高的门槛。

2. 挑战：标准与适用性

不同领域对于声音的标准和适用性有所不同。一些声音表达在某个领域可能十分有效，但在另一个领域可能不太适用。寻找适用于不同场景的声音表达方式是一个挑战。

第六章　融媒体时代播音与主持的艺术创新

3. 机遇：数字创意产业的崛起

随着数字创意产业的蓬勃发展，创新声音表达的需求逐渐增加。数字音乐、虚拟现实、游戏等行业对于声音创新的需求将成为创作者获得机会的窗口。

4. 机遇：全球化交流的加深

创新声音表达有助于消除语言障碍，提升全球化交流的效果。通过语音识别和翻译技术，声音表达可以更好地在不同语言和文化之间传递信息和情感。

5. 机遇：社交媒体的普及

随着社交媒体的普及，声音表达成为一种更为直观、生动的传播方式。通过在社交媒体平台上分享创新的声音内容，创作者可以更好地吸引观众和粉丝。

(六) 创新声音的发展趋势

1. 智能语音助手的发展

随着智能语音助手技术的不断发展，声音表达将更多地融入人机交互中。未来，我们可能通过与智能语音助手的对话来完成更多任务，这需要更加创新和智能的声音表达方式。

2. 虚拟现实与增强现实的应用

随着虚拟现实和增强现实技术的成熟，声音表达将在这些领域得到更广泛的应用。通过在虚拟环境中创造出真实感十足的声音，使用户更加沉浸在虚拟的世界中。

3. 个性化声音定制服务

未来，个性化声音定制服务可能成为一种趋势。用户可以定制自己喜欢的声音，应用于个人社交媒体、语音助手等场景，实现更个性化的声音表达。

4. 跨领域的创新实践

创新声音表达将进一步促使不同领域的交叉创新。音乐、科技、影视等领域的融合将带来更为丰富和前沿的声音表达形式，推动整个创意产业的发展。

创新声音表达与情感传递是数字时代的一项重要任务。通过运用先进的技术手段、多元化的声音元素以及深度的情感理解，我们可以实现更为创新和引人注目的声音表达方式。这不仅在娱乐、广告、社交等领域具有重要意义，还能够促进整个数字创意产业的发展。在未来，随着技术的进步和创新思维的不断涌现，创新声音表达将迎来更为广阔的发展前景。

三、个性化与受众互动的创新

在数字化时代，个性化与受众互动已经成为娱乐、广告、社交媒体等领域的重要关键词。随着技术的不断进步和社交媒体的普及，创新的个性化和受众互动方式不仅提升了用户体验，还改变了内容创作者与受众之间的关系。本节将深入探讨个性化与受众互动的创新，分析其定义、重要性，以及在不同领域中的实践和未来发展趋势。

（一）个性化与受众互动的定义

1. 个性化的概念

个性化是指根据个体的特定需求、兴趣和偏好，为其提供定制化的服务、内容或体验的过程。在数字化时代，个性化不仅体现在产品和服务的定制上，还延伸到内容创作、推荐系统、广告等多个领域。

2. 受众互动的概念

受众互动是指内容创作者与受众之间进行实时、双向的交流与互动。这种互动不仅仅包括传统的评论和反馈，还包括直播互动、社交媒体互动等多种形式，使受众能够更加参与到内容创作的过程中。

（二）个性化与受众互动的重要性

1. 提升用户体验

个性化和受众互动可以根据用户的兴趣和需求，为其提供更加个性化的体验。无论是在产品设计、内容推荐还是社交互动中，个性化和互动性的提升都直接影响着用户的满意度和体验感。

2. 加深用户参与度

通过受众互动，用户能够参与到内容的创作和共享中。这种互动可以激发用户的创造力和分享欲望，使他们更积极地参与到社交平台和内容创作中。

3. 提高内容传播效果

个性化和受众互动可以有效提高内容的传播效果。通过满足用户个性化的需求，内容更容易引起共鸣，用户也更愿意分享、转发，从而实现内容的自传播。

4. 增加品牌忠诚度

通过个性化的服务和互动，品牌可以更好地了解用户，提供更符合其需求的产品和服务，从而增加用户的品牌忠诚度。用户在获得个性化体验的同时，也更愿意与品牌建立更为紧密的关系。

5. 提高广告效果

个性化和受众互动对于广告的效果也有着积极的影响。个性化广告能够更准确地定位目标受众，而受众互动则能够提高广告的曝光和点击率，使广告更具效益。

(三) 个性化与受众互动的实践

1. 社交媒体平台

社交媒体平台是个性化与受众互动最为显著的领域之一。通过算法推荐、用户关系链分析等技术手段，社交媒体平台能够为用户提供个性化的内容推荐，同时用户可以通过点赞、评论、分享等方式与内容创作者互动。

2. 电商平台

电商平台通过分析用户的购物历史、浏览行为等数据，为用户提供个性化的商品推荐。同时，用户在购物过程中的评论、评分也是一种受众互动的体现，这些互动可以为其他用户提供参考，影响其购物决策。

3. 内容创作平台

在内容创作平台，个性化体现在内容的多样性和用户个性化需求的满足上。例如，视频平台可以通过推荐系统为用户提供个性化的视频内容，音乐平台可以根据用户的听歌历史推荐个性化的音乐列表。

4. 在线教育平台

在线教育领域个性化与受众互动同样起到关键作用。教育平台通过分析学生的学习情况，为其提供个性化的学习计划和资源推荐。同时，学生与教师之间的互动也是教育过程中重要的一环。

5. 游戏平台

游戏平台通过个性化的游戏设置、关卡设计等方式，为玩家提供个性化的游戏体验。玩家之间的互动，例如多人在线游戏、社交功能，也是游戏平台受众互动的关键。

（四）个性化技术的发展

1. 挑战：隐私与数据安全

随着个性化服务的增加，用户的个人数据也在不断被收集和利用。如何保障用户的隐私和数据安全，防范数据滥用成为一个重要的挑战。

2. 挑战：算法的公正性和透明性

个性化推荐算法的不透明性可能导致信息茧房的形成，使用户陷入信息的局限性。未来需要更注重算法的公正性和透明性，确保推荐系统更加公平、合理。

3. 机遇：创新商业模式

个性化与受众互动为企业创造了创新的商业模式。通过深度了解用户需求，企业可以提供更有针对性的产品和服务，从而拓展市场份额，提高用户满意度。

4. 机遇：社交媒体的崛起

随着社交媒体的崛起，用户在社交平台上的活跃度增加，这为个性化与受众互动提供了更广泛的空间。创作者可以通过社交媒体更好地了解受众，与受众建立更紧密的联系。

5. 机遇：文化和地域的多样性

个性化与受众互动的发展也促使了文化和地域的多样性。不同文化和地域的用户可以在数字平台上找到更符合自己口味和需求的内容，为跨文化交流提供了更广泛的机会。

个性化与受众互动的创新已经成为数字化时代娱乐、社交、商业等多个领域的关键驱动力。通过个性化服务，用户可以享受到更符合自己兴趣和需求的体验，而受众互动则增强了用户对内容的参与感和归属感。在未来，随着技术的进步和用户需求的不断变化，个性化与受众互动将迎来更多的创新和发展。平台和企业需要在保障用户隐私的同时，更好地理解和满足不同用户群体的需求，推动个性化与受众互动走向更为成熟和可持续的发展。这一创新不仅将带动数字产业的蓬勃发展，也将丰富用户的数字生活体验。

第四节　视觉创新与影像表达

一、融媒体时代视觉表达

在融媒体时代，信息传播已不再局限于传统的文字和语言，而是更加注重多媒体的表达方式。其中，视觉表达作为一种强有力的传播手段，不仅在新闻媒体中占据重要地位，也在广告、社交媒体、艺术等领域发挥着越来越重要的作用。本节将深入探讨融媒体时代视觉表达的创新方式，包括定义、重要性、实践案例以及未来趋势。

（一）融媒体时代视觉表达的定义

1. 概念界定

融媒体时代视觉表达是指在多媒体信息传播中，通过图像、图表、照片、插图等可视化手段，以更直观、生动的方式呈现信息和观点。这种表达方式超越了传统文字和语言，通过视觉元素使信息更为吸引人、易理解，从而更好地满足受众的感知需求。

2. 多元化的视觉元素

融媒体时代的视觉表达不仅包括静态的图像，还涉及到动态的图形、视频、互动性图表等多元化的视觉元素。这些元素的综合运用丰富了信息传达的方式，使得受众能够更全面地理解所呈现的内容。

3. 视觉表达与技术融合

视觉表达在融媒体时代既涉及到技术层面，如图像处理、动画制作等，又需要考虑艺术的因素，即如何通过视觉元素传达情感、引起共鸣，使得视觉表达更有深度和创意。

（二）融媒体时代视觉表达的重要性

1. 吸引受众注意力

视觉表达能够更直观地吸引受众的注意力。在信息爆炸的时代，人们阅读文字的耐心逐渐减弱，而视觉元素通过生动的图像和颜色可以迅速引起关注，提高信息的曝光度。

2. 提升信息传递效果

视觉表达能够更有效地传递信息。相比于纯文字，图像和图表能够以更为直观、清晰的方式呈现复杂的数据和概念，使受众更容易理解和记忆，提升信息传递的效果。

3. 增加感情共鸣

通过视觉表达，信息可以更生动地表达情感。照片、插画、视频等元素能够传递出更为直观和感性的信息，使受众更容易产生情感共鸣，增强信息的影响力。

4. 适应不同受众群体

视觉表达有助于适应不同受众群体的阅读和理解习惯。不同文化、年龄、教育水平的受众对于图像的理解更为直观，通过视觉表达可以更好地满足多样化的受众需求。

5. 提高品牌辨识度

在商业领域，视觉表达是建立品牌辨识度的重要手段。通过设计独特的标志、广告图像等，企业可以在受众中留下深刻印象，从而更好地推广品牌。

(三) 融媒体时代视觉表达的创新方式

1. 交互性图表和数据可视化

交互性图表和数据可视化能够让用户更主动地参与到信息的探索中。通过用户的操作，图表可以动态呈现数据变化，使用户更好地理解复杂的统计信息，提高信息的可解释性。

2. 艺术与科技的融合

艺术与科技的融合是一种创新的视觉表达方式。艺术家和科技专业人员合作，通过数字艺术、互动装置等形式，创造出结合美学和科技创新的作品，拓展了视觉表达的边界。

3. 可持续设计与环保意识

在设计领域，可持续设计强调以环保为出发点，通过图像传达出环保、可持续发展的理念。这种方式的视觉表达不仅美观，还传递了对环境和社会责任的关注。

4. 用户生成内容的视觉表达

随着用户生成内容的兴起，用户通过社交媒体平台分享的照片、视频等成为了一种重要的视觉表达形式。这种由普通用户创造的内容呈现了更为真实、多元的视觉表达。

(四) 视觉表达的应用方向

1. 人工智能在视觉表达中的应用

随着人工智能技术的不断发展，图像识别、生成等技术将在视觉表达中发挥更大作用。通过人工智能的辅助，图像可以更准确地识别、处理，使得视觉表达更为智能化。

2. 全息影像与3D技术的普及

全息影像和3D技术的普及将为视觉表达带来更立体、更生动的体验。

这种技术的应用将进一步拓展艺术、娱乐等领域的创新可能性。

3. 多媒体与跨平台整合

未来的发展趋势将更加强调多媒体与跨平台的整合。视觉表达将不再局限于某一种形式，而是通过图像、视频、动画等多种媒体形式的有机结合，创造更为丰富和立体的视觉体验。

4. 社会问题与公共参与

视觉表达将更加关注社会问题和公共参与。通过视觉形式表达对社会问题的关切，激发公众对于社会的关注和参与。这可能包括通过插画、图像、视频等形式呼吁环境保护、社会公益等议题，促使社会更加关注并积极参与解决这些问题。

5. 虚拟现实的深度整合

随着虚拟现实技术的不断发展，其在视觉表达中的深度整合将成为一个重要趋势。从虚拟美术馆到虚拟现实电影，人们将能够在虚拟空间中体验更为丰富、沉浸式的视觉内容。

6. 可持续发展与生态友好设计

未来，视觉表达将更加注重可持续发展和生态友好设计。设计师将更多地考虑材料选择、环保工艺等因素，通过图像传达对于环境保护和可持续发展的支持。

7. 互动性和个性化体验

未来的视觉表达将更加强调互动性和个性化体验。用户可能参与到视觉内容的创作中，通过个性化选择和互动体验，使得视觉表达更贴近个体的兴趣和需求。

（五）视觉表达面临的挑战与机遇

1. 挑战：信息过载与注意力稀缺

在信息过载的时代，人们的注意力变得越来越稀缺。视觉表达需要面对如何在短时间内吸引受众，使其对内容产生兴趣的挑战。创作者需要更注重图像的简洁性和直观性，以抓住受众的眼球。

2. 挑战：虚假信息与图像篡改

随着图像处理技术的发展，虚假信息和图像篡改成为一个严重的挑战。通过虚假图像传播虚假信息可能导致严重的社会问题。防范虚假信息的传播，确保视觉表达的真实性将成为一个亟待解决的问题。

3. 机遇：个性化和用户生成内容

个性化和用户生成内容的兴起为视觉表达带来了巨大的机遇。用户可以通过个性化的方式创造和消费视觉内容，从而形成更为多元、丰富的视觉文化。

4. 机遇：技术创新的推动

技术创新将推动视觉表达的不断发展。例如，人工智能、虚拟现实等技术的应用将为视觉表达提供更多创新的可能性，丰富视觉体验。

5. 机遇：社交媒体平台的普及

社交媒体平台的普及使得视觉表达更容易传播。艺术家、设计师、创作者可以通过社交媒体平台将自己的作品推广给全球受众，拓展影响力。

融媒体时代的视觉表达正面临着巨大的机遇和挑战。随着科技不断发展，社会对于视觉表达的需求也愈发多样化。创作者在应对这一趋势时，需要保持创新意识，结合技术发展趋势，积极拥抱新的创意和表达方式。

在未来的发展中，注重教育与素养培养是至关重要的。公众需要更好地理解视觉表达的语言，培养对图像真实性的敏感性，以更理性、独立的眼光去看待和解读图像信息。教育机构、媒体机构应加强对于视觉素养的培训，提高公众的媒介素养水平。

二、视频和图像在融媒体时代的作用

在融媒体时代，视频和图像扮演着至关重要的角色，成为信息传递、沟通和娱乐的重要载体。随着科技的不断发展和普及，人们对于视觉内容的需求也日益增加。本节将深入探讨视频和图像在融媒体时代的作用，涵盖其在新闻报道、社交媒体、广告营销、教育以及艺术等方面的影响。

（一）视频和图像在新闻报道中的作用

1. 实时报道与互动性

视频在新闻报道中的作用不仅体现在实时性上，而且通过社交媒体平台，观众可以即时参与和评论。这种互动性使播报更加生动、真实，也提高了受众的参与感。

2. 视觉化故事叙述

通过图像和视频，新闻故事可以更生动地呈现给观众。图像和视频的使用使新闻报道更富有情感，有助于引起观众的共鸣，提高信息的传递效果。

3. 多角度观察

视频可以提供多角度的观察，帮助观众更全面地了解事件。通过图像，人们能够获得更直观、深刻的印象，使得新闻报道更为生动和具体。

（二）社交媒体中的视频和图像

1. 用户生成内容

社交媒体平台上的用户生成的视频和图像成为内容创作的主要来源。这种形式的内容具有真实性和个性化，能够更好地满足用户多样化的需求，也增强了社交媒体的活跃度。

2. 营销与品牌建设

视频和图像广告在社交媒体上具有更好的传播性，能够吸引更多关注和分享。品牌通过巧妙运用视觉元素，能够更好地塑造形象，提升品牌认知度和用户忠诚度。

3. 社交互动

社交媒体上的图像和视频推动了社交互动的方式。人们更愿意通过视觉媒体分享自己的生活、观点和经验，从而促进社交关系的建立和加强。

（三）广告营销中的视频和图像

1. 引起注意与记忆

视频广告相比于文字或静态图像更容易引起人们的注意，并更有可能在观众心中留下深刻的记忆。这使得视频广告成为品牌推广和营销的有效工具。

2. 视觉创意表达

视频和图像为广告创意提供了更广阔的空间。通过影片的拍摄、剪辑以及图像的设计，广告创作者可以更自由地表达创意，吸引目标受众的注意。

（四）教育领域中的视频和图像

1. 视觉化学习

视频和图像在教育中带来了更生动、直观的学习体验。通过视觉化学习，学生更容易理解抽象的概念，提高学习效率。

2. 远程教育

随着在线教育的普及，视频成为远程教育的主要形式之一。通过视频，学生可以获得与传统面对面教学相似的学习体验，同时克服了时空限制。

3. 实践与演示

视频在教育中的应用不仅限于理论知识的传递，还可以用于实践和演示。例如，播音主持训练、艺术创新等通过视频可以更好地呈现给学生，提高他们的实际操作能力。

（五）艺术与文化中的视频和图像

1. 融媒体创意表达

艺术家和创作者通过视频和图像表达自己的创意和思想。这种创意表达不仅在传统媒体上有所体现，还通过数字艺术、虚拟现实等新媒体形式得到了拓展。

2. 文化传承与创新

视频和图像有助于文化的传承与创新。传统文化可以通过现代的表现形式得到传承，同时艺术家通过创新性的应用将传统文化注入到当代艺术中，实现文化的更新与发展。

3. 全球化传播

通过视频和图像，艺术作品可以迅速传播到全球各地。艺术家和文化创作者可以借助数字媒体跨越地域和语言的限制,将自己的作品推向国际舞台。

在融媒体时代,视频和图像以其直观和生动的特点在新闻、社交媒体、广告、教育以及艺术与文化等领域发挥着重要作用。它们不仅仅是信息传递的媒介,更是创造性表达和社会互动的工具。

三、融媒体时代视觉创新对播音与主持的影响

在融媒体时代,视觉创新对播音与主持领域产生了深远的影响,塑造了一种更为综合、多元的传播方式。传统的播音与主持注重声音表达,而在融媒体时代,视觉元素的加入使得传媒从单一媒介向多媒体发展,要求从业者不仅具备出色的口才和声音技巧,还需要具备对视觉表达的敏感性和创新能力。本节将深入探讨融媒体时代视觉创新对播音与主持的影响,涵盖技术、创意、专业素养等方面。

(一)技术的发展与播音主持

1. 视觉技术的应用

随着科技的迅猛发展,视觉技术在播音与主持领域得到了广泛应用。虚拟现实(VR)、增强现实(AR)等技术的引入,使得播音主持者能够更好地与观众进行互动,创造更具沉浸感的节目体验。通过虚拟场景的构建,播音主持者可以在视觉上与听众建立更紧密的联系。

2. 实时图文显示

在融媒体时代,播音主持者可以利用实时图文显示技术,将文字、图像、数据等信息实时呈现给观众。这不仅提高了信息传递的效果,还让观众更容易理解主题,加深对内容的印象。实时图文显示也为播音主持者提供了更多的表达手段,丰富了节目的形式。

(二)创意与视觉表达

1. 多媒体融合的创意表达

融媒体时代要求播音主持者不仅要具备优秀的口才和声音,还需要有

对多媒体融合的创意表达能力。在节目制作中，视觉元素的巧妙运用能够提升整体表现力。播音主持者通过合理搭配图像、视频等元素，使得节目更具吸引力，同时传递的信息更为生动。

2. 个性化视觉风格的打造

视觉创新也为播音主持者提供了打造个性化视觉风格的机会。通过在节目中引入独特的视觉元素、图标、特效等，播音主持者可以打造属于自己的独特品牌，提高个人在媒体领域的影响力。

（三）专业素养的提升

1. 对视觉设计的了解

在融媒体时代，播音主持者需要更深入地了解视觉设计的基本原理和技巧。这包括色彩搭配、排版布局、图像处理等方面的知识，使得他们能够更好地参与到节目视觉设计的过程中，确保节目的整体视觉效果。

2. 跨媒体技能的培养

传统的播音主持工作已经不能满足融媒体时代的要求，因此播音主持者需要不断培养跨媒体技能。这包括视频剪辑、图像处理、虚拟现实技术等方面的技能，以更好地适应多媒体环境下的工作需求。

（四）互动性与社交媒体

1. 社交媒体平台的利用

视觉创新在社交媒体上具有更大的发挥空间。播音主持者可以通过在社交媒体平台分享视觉化内容，与听众进行互动，建立更紧密的关系。这包括发布短视频、直播节目、与听众互动的图文贴等方式，增强播音主持者与受众之间的联系。

2. 虚拟互动体验的创造

利用虚拟现实和增强现实技术，播音主持者可以创造出更为真实的互动体验。通过虚拟演播室、虚拟形象等方式，播音主持者能够与观众建立更为直观的联系，提高互动性，使得节目更具吸引力。

（五）播音主持技术发展方向

1. 技术更新换代的挑战

技术的不断更新换代带来了新的挑战，播音主持者需要不断学习新的技术，以保持在融媒体时代的竞争力。这包括学习新的视觉技术、了解最新的媒体制作工具等。

2. 信息过载的处理

融媒体时代信息过载，播音主持者需要更加注重信息的筛选和整合能力，确保在有限的时间内传递最有价值的信息。视觉元素的运用应该更注重信息的清晰性和传达效果，以避免观众在信息过载的环境中感到困扰。

3. 综合素养的要求

融媒体时代的播音主持者需要具备更全面的综合素养，包括声音表达、视觉设计、社交媒体运营等方面的能力。这要求从业者在专业知识的基础上，具备更为广泛的技能和认知。

4. 面临多样化受众的挑战

不同年龄、文化、地域的受众对于视觉元素的接受程度存在差异，播音主持者需要更加灵活地调整自己的风格，以面对受众的多样化需求。在视觉创新中，要注意平衡不同群体的喜好和习惯。

在融媒体时代，视觉创新对播音与主持领域带来了深刻的影响，使得传统的声音传播方式得以拓展和丰富。从技术、创意、专业素养、互动性等多个方面，视觉创新都为播音主持者提供了更广阔的舞台和更多的表达可能性。然而，与之相应的挑战也是存在的，需要从业者具备不断学习、适应快速变化的能力。

融媒体时代的播音主持者不再仅仅是声音的传递者，更是能够通过视觉创新与听众建立更为紧密联系的传播者。随着科技的不断发展，未来播音与主持领域将继续面临新的挑战，而通过不断创新和学习，播音主持者将能够更好地适应并引领这一变革，为观众创造更为丰富、多元的传播体验。

参 考 文 献

[1] 邱一江. 融媒时代的播音主持艺术研究记者型主持人 [M]. 广州：暨南大学出版社，2014.

[2] 高贵武，杜晓红. 中国主持传播研究 2019[M]. 北京：中国传媒大学出版社，2019.

[3] 高勇. 2017 中国城市台主持人年鉴 [M]. 北京：中国广播影视出版社，2017.

[4] 朱广玉，宋恒银. 中国新世纪理论文献 1[M]. 北京：华龄出版社，1999.

[5] 黄瑞琦. 现代行业语词典 [M]. 海口：南海出版公司，2000.

[6] 张伟. 信息技术时代的新型媒体 [M]. 天津：天津科学技术出版社，2020.

[7] 许雅琴. 语言艺术的魅力 [M]. 北京：线装书局，2022.

[8] 侯雨昕. 新时代播音主持艺术的多维透视 [M]. 长春：吉林大学出版社，2019.

[9] 刘吉桦. 播音与主持艺术 [M]. 武汉：华中科技大学出版社，2011.

[10] 王岩平. 播音与主持艺术入门教程 第 2 版 [M]. 武汉：武汉大学出版社，2022.

[11] 张颂. 播音主持艺术论 第 2 版 [M]. 北京：中国传媒大学出版社，

2022.

[12] 张予梁. 播音主持艺术 MAC 方法论 [M]. 北京：中国广播影视出版社, 2022.

[13] 鲁景超. 播音主持艺术 [M]. 北京：中国传媒大学出版社, 2019.

[14] 成越洋. 播音与主持艺术专业学科定位与学科建构新论 [M]. 西安：陕西师范大学出版总社有限公司, 2021.

[15] 崔文胜, 崔宏飞. 播音与主持艺术初学入门与提高 [M]. 石家庄：河北美术出版社, 2019.

[16] 许成龙, 杨帆. 播音主持艺术语音发声基础 [M]. 北京：中国广播影视出版社, 2021.

[17] 胡黎娜. 播音主持艺术发声 第 2 版 [M]. 北京：中国传媒大学出版社, 2019.

[18] 何冬梅, 孙明敏. 江汉大学人文学院本科优秀毕业论文选 播音与主持艺术卷 [M]. 武汉：武汉出版社, 2022.

[19] 孟翀. 播音与主持艺术专业学生职业生涯规划与管理教程 [M]. 长春：吉林大学出版社, 2019.

[20] 郭丽娟. 当代播音主持艺术与发展探究 [M]. 北京：北京工业大学出版社, 2020.

[21] 王一婷. 语境·语态·语体 播音主持艺术表达创作研究 [M]. 北京：九州出版社, 2022.

[22] 杜晓红. 播音主持艺术简明教程 [M]. 北京：中国传媒大学出版社, 2018.

[23] 战迪, 刘琦. 播音与主持艺术批评 [M]. 北京：中国广播影视出版社, 2015.

[24] 仲梓源. 播音主持艺术入门训练手册 第 3 版 [M]. 北京：中国传媒大学出版社, 2019.